篮球投篮技术指导

（视频学习版）

[美] 戴夫·霍普拉（Dave Hopla） 著

闫燕　朱晓峰　译

人民邮电出版社

北　京

图书在版编目（CIP）数据

篮球投篮技术指导 : 视频学习版 / （美）戴夫·霍普拉（Dave Hopla）著 ; 闫燕, 朱晓峰译. -- 北京 : 人民邮电出版社, 2020.11
　　ISBN 978-7-115-54688-3

　　Ⅰ. ①篮… Ⅱ. ①戴… ②闫… ③朱… Ⅲ. ①篮球运动—运动技术 Ⅳ. ①G841.19

中国版本图书馆CIP数据核字(2020)第201291号

免责声明

本书内容旨在为大众提供有用的信息。所有材料（包括文本、图形和图像）仅供参考，不能用于对特定疾病或症状的医疗诊断、建议或治疗。所有读者在针对任何一般性或特定的健康问题开始某项锻炼之前，均应向专业的医疗保健机构或医生进行咨询。作者和出版商都已尽可能确保本书技术上的准确性以及合理性，且并不特别推崇任何治疗方法、方案、建议或本书中的其他信息，并特别声明，不会承担由于使用本出版物中的材料而遭受的任何损伤所直接或间接产生的与个人或团体相关的一切责任、损失或风险。

内 容 提 要

　　本书是美国职业篮球联赛多项投篮纪录保持者的倾力之作，也是针对篮球运动中投篮技术的专业指导书。全书分为 10 章，以专业篮球球员示范标准动作的形式详细讲解了投篮的技术，包括投篮哲学、想象、投篮技巧、罚篮、中距离跳投、远距离跳投、擦板投篮、摆脱防守球员投篮、投篮和掩护投篮、投篮图表和投篮评估等主要内容。本书介绍的各种投篮技巧和针对投篮的评估方法，可以帮助专业球员和篮球爱好者有效提升投篮的命中率并掌握赛场制胜的关键技术；同时还能帮助篮球教练更好地指导球员学习和夯实投篮技术。

　◆　著　　　　[美] 戴夫·霍普拉（Dave Hopla）
　　　译　　　　闫 燕　朱晓峰
　　　责任编辑　寇佳音
　　　责任印制　周昇亮
　◆　人民邮电出版社出版发行　　北京市丰台区成寿寺路 11 号
　　　邮编　100164　　电子邮件　315@ptpress.com.cn
　　　网址　https://www.ptpress.com.cn
　　　北京虎彩文化传播有限公司印刷
　◆　开本：700×1000　1/16
　　　印张：9.25　　　　　　　　2020 年 11 月第 1 版
　　　字数：150 千字　　　　　　2025 年 2 月北京第 12 次印刷
　　　　　著作权合同登记号　图字：01-2019-8079 号

定价：58.00 元

读者服务热线：**(010)81055296**　印装质量热线：**(010)81055316**
反盗版热线：**(010)81055315**

献给我所有的亲人。尤其是我的妈妈（希望您能在此读到这本书）、我的哥哥斯基普（Skip）、我的琼（Jean）阿姨、乔伊（Joey）阿姨，还有威西（Wezzy）阿姨。特别感谢我最亲近的家人：我美丽的妻子卡萝尔（Carole）和我们漂亮的女儿麦克娜（McKenna）。

目录

资源访问说明

本书的投篮教学视频是在线资源，您可以通过微信"扫一扫"，扫描右侧的二维码，并在指定平台上进行观看。

步骤1：点击微信聊天界面右上角的"+"，弹出功能菜单（见图1）。

步骤2：点击弹出的功能菜单上的"扫一扫"进入该功能界面，扫描右侧的二维码。

步骤3：如果您未关注微信公众号"人邮体育"，扫描后会出现"人邮体育"的二维码。请根据说明关注"人邮体育"，并点击"资源详情"（见图2），进入视频观看界面，观看本书视频（见图3）。如果您已关注微信公众号"人邮体育"，扫描二维码后可直接进入本书视频观看界面。

图1　　　　　　　　　图2　　　　　　　　　图3

鸣 谢

感谢我的妻子卡萝尔的鼓励、支持与理解。感谢我人美心善的女儿麦克娜，你的微笑甜美至极，你的幽默无与伦比，你让我成为世界上最幸福的人。谢谢我的妈妈，她不会想到我能写出这样一本书，我非常想念她。此外，我要感谢我到访过的训练营、学校的管理人员，有了他们我才能去探讨或教授投篮技术。感谢汉克·斯莱德（Hank Slider）、赫布·马吉（Herb Magee）和乔治·莱曼（George Lehmann）给我的所有灵感。另外，坦纳·格罗弗（Tanner Grover），你是最棒的！

第 1 章

投篮哲学

在过去的 40 年里，我参与了不同水平的篮球赛事，也有幸指导了一些高水平的篮球运动员去参加比赛，并从一些非常专业的教练那里获益匪浅。许多篮球爱好者都与我分享了他们的经验：应该如何进行比赛以及如何教授篮球这项运动。例如，有的教练偏重于联防，而有的教练更喜欢一对一盯防；一些人倡导"跑轰"战术，而另一些人认为打好半场阵地进攻才能赢得胜利。然而，说到投篮，人们的意见却出奇地一致。投篮是一种常规技能，球员的目标一致，即将球投进篮筐。为了确保球员能将投篮技术练好，不同水平的教练通常会教授一套统一的基本投篮方法。

在听取了许多教练和球员的建议并与之一同工作之后，我成了一名更加优秀的投手和教练。从学习投篮技术的角度而言，无论是 10 岁孩童还是征战美国职业篮球联赛 10 年的老将，我都会将其投篮经验和心得一一汲取。谈到投篮，我总是保持着一种开放的心态，这让我能够从不同水平的教练和球员那里获得一些想法和经验，并发展自己的投篮理念。

如果你已经购买了本书，那么你可能是想要成为一名更加优秀的投手或教练，或者说，你的孩子对篮球感兴趣。这些年来，我学到了很多关于篮球的知识，现在是时候把它们都集中起来，写进这本书里，而本书就是专门为你定制的。当你读完本书后会感到信心十足，并且更有能力去成为或帮助别人成为一名优秀的投手。在学习、指导、教学或提升投篮水平的道路上，你将一往无前，永不止步。而我的投篮哲学将从此处开始。

渴望进步

要想把球投得更好，不能只在口头上说说就完了。你必须坚定信念，内心充满渴望，动力十足，自觉自律，并且要有耐心去进行投篮训练。投手是后天练出来的，而非天生的。每个高水平的投手都有着良好的职业素养。要想成为一名优秀的投手，你需要花比一般球员更多的时间去进行投篮训练。投篮是一门需要花大量的时间去潜心磨炼的手艺。然而单纯地投入时间并不能使自己成为一名优秀的投手，你必须在必要时刻有意识地去做出改变和调整，做到熟能生巧。

作为一名篮球爱好者，你在观察别人投篮时，肯定会对自己说："哇，他们的投篮技术实在是太完美了！"J.J. 雷迪克（J.J. Redick），前杜克大学奈史密斯年度最佳大学球员，曾是奥兰多魔术队的当家三分投手［2019 年在新奥尔良鹈鹕队（New Orleans Pelicans）。——译者注］。在我看来，他是一个拥有教科书式完美投篮技术的投手。好吧，虽然雷迪克是联盟的优秀投手，但他也并不完美。在 2009—2010 美国职业篮球联赛赛季，雷迪克的三分球为 219 投 87 中，三分球进球率约为 40%。这意味着他投失了半数以上的三分球。按照这个标准来说，我认为雷迪克离完美还有很长的路要走。

我并不是在嫉贤妒能，因为雷迪克确实跟"完美"一词相差较远。但是说到投篮，我采取了一种理想化的方法。我认为完美的投篮应该是可以实现的。作为一名投手，我有意志、欲望、动力、自觉和耐心来提高我的投篮技术，以此来达到完美。在你读这本书的时候，我希望传递给你的思路是这样的：你看，没有人的投篮技术完美至极，但是你每一次投篮都有进步的空间。

许多球员认为他们的投篮方式并没有什么错，但是命中率却很低。不断重复同样的训练却期待得到不同结果，这样的球员只是在原地踏步。对我来说，这就意味着愚昧。首先，不要拒绝变化，尤其是当你的投篮命中率很低时，你应该试着去接受它。如果你做到了，那么你很快就会取得进步。一些球员在第一次调整或改变自己的投篮方式时，脑海中会出现这样一种借口：这种投篮感觉不对劲。这完全可以理解，因为他们这么长时间的投篮方式都是错误的。我经常要求这些球员把他们的投篮方式和一双新鞋去进行比较：一开始用新鞋踢球时可能会不太适应，但是一旦你将球踢进去了，那么它们就会变得十分舒服，投篮也是如此。

然而不幸的是，很多球员都放弃调整他们的投篮方式，因为他们没有足够的时间去适应新的投篮方式。在一开始做出调整的时候，他们很可能投不中，而且认定新的投篮方式并不起作用，从而继续使用他们旧的投篮方式。不要安于现状，因为投篮命中率低是不争的事实，尤其是你在毫无准备的情况下进行常规的投篮训练时，更是如此。

绘制投篮图表

如果你的目标是成为一名优秀的投手，那么你必须绘制你的投篮图表，只有这样才能帮助自己将球投得更好。倘若你去了体育馆并且投了几小时的球，但是你却并不知道你投球的实际情况和具体数据，比如你一共投了多少球，或者说你投进多少球。除非你能把这些数据绘制成图表，否则你很难清楚了解这些数据。绘制投篮图表十分容易，你只需在运动包里放一本笔记本和一支笔，在练习投篮时，记录下从某个特定位置投进球的次数以及尝试投篮的次数。例如，我想要练习底角三分球，并且每个角投球都想进 25 个球，那我投篮之后就在笔记本上记下"三分：右角（RC），30 投 25 中""三分：左角（LC），35 投 25 中"。

一旦养成了绘制投篮图表的习惯，你就能看到自己的进步，因为白纸黑字就在你面前。一旦你看到自己在进步，那么你就会获得自信。自信铸就成功，而成功增添自信。这是一个持续循环的过程。此外，能够看到的进步将鼓励你继续练习投篮。欲了解有关绘制投篮图表的更多详细内容，请参阅第 10 章。

设定目标

设定目标，意味着你严肃、认真地表明了想要进步的态度。对我而言，在底角三分投篮的例子中，我的目标十分明确，即提高我的底角投篮水平，尤其是左角。请记住，我一直在追求完美的投篮技术。35 投 25 中对我来说是远远不够的。几年以前，我给自己定了一个目标，必须在三分线连中 5 球才能移动到下一个投篮点。目前我在美国大学体育协会（Nation Collegiate Athletic Association，NCAA）联赛三分线上连进 25 球，在美国职业篮球联赛三分线上连进 10 球。我的新目标是，在我的投篮笔记本上连续地看到"25 投 25 中"的数据。

数字是一种激励人的方式。无论你赚了多少钱，或者你连续投进多少球，有一个为之努力的目标都有助于保持你的动力，这样当你达到目标时就能获得成就感。这一切都可以归于"自信铸就成功，成功增添自信"的循环中，反之亦然。

向前迈进，哪怕只是一小步

如果你在无人防守的情况下仍不能在篮筐附近投进球，那么当你在行进过程中，面对防守球员的封盖时，又如何能投进三分球呢？当想要提高自己的投篮命中率时，你需要先迈进一小步。婴儿在学会跑之前要先学会走，在学会走之前要先学会爬，投篮训练也是如此。如果你注意观察大多数年轻球员跑进体育馆时是从哪里开始投篮的，那么你将会看到他们直奔三分线。他们在用不正确的姿势费力地投篮，用身体的每一块肌肉把球推上去。长此以往，他们在年轻时就养成了坏习惯，随着年龄的增长，这些坏习惯会变得越来越难以改掉。

为了学会正确投篮，年轻球员应该从靠近篮筐的位置开始练习投篮，而且应该从较低的篮筐开始，用较小的球投篮。你要是要求一个小孩从三分线或罚球线以正确的投篮姿势和技巧直接进行投篮，这对于这个小孩而言是不公平的。例如，在棒球运动中，孩子们开始打的是乐乐棒球，然后从教练或父母那里逐渐了解了如何击球，之后才进入少年棒球联合会。我们不会直接带小孩子去洋基体育场，让他们在投手的投球区进行投球。与年轻球员一起练习时要稍做调整，这样才能帮助孩子们在幼年时期就掌握正确的投篮姿势和技巧，从而轻松地进行投篮训练。这样还能够让他们拥有正确的肌肉记忆，并且随着他们不断地成长，将肌肉记忆与投篮技术更好地融合到一起。

不要急于求成

如果你和大多数人一样，想要立即见效，那我很遗憾地告诉你，要想成为一名非常专业的投手需要耗费多年的时间去练习，并且只有经过数十万次甚至数百万次（是的，数百万次）正确的投篮练习之后才能成为一名专业的投手。一说到提高投篮水平，大多数人都会感到畏惧、不耐烦，不想花时间去训练。

打篮球，或者做其他任何事情，都取决于你的意志，以及你想变得多优秀或多伟大。如果你想成为一名成功的投手，那么你就不能急于求成，也不能因为投失一球而沮丧。要知道每个人都会投失。迈克尔·乔丹（Michael

Jordan）在职业生涯中投失了 9000 多球，但他仍十分自信，并在球场上大放异彩，家喻户晓。虽然迈克尔·乔丹也曾输过比赛，但有趣的是似乎没有人记得那些比赛。我们仍然记得的是，在 1989 年决赛中击败克利夫兰骑士队（Cleveland Cavaliers）的"那一投"，以及在与犹他爵士队（Utah Jazz）对阵的第 6 场比赛中斩获桂冠的跳投，那是迈克尔·乔丹在芝加哥公牛队（Chicago Bulls）职业生涯中最难忘的一场比赛。信心是投篮命中的关键，你要意识到投失是不可避免的，你在投失之后的反应才是最重要的。学会把投失当作信息和重要数据：你是近距离投球未中还是远距离投球未中，或者是在左角投失还是右角投失，抑或是几种情况同时出现？如果你能以积极的方式去利用你投失的这些数据，那么你就能确定你投篮失误的原因。想要成为一名更加优秀的投手，这些信息至关重要。

在脑海中想象进球的场景

在你真正投篮之前，你应该学会想象你的投篮技术是完美无缺的，你永远不会投失。想象篮球"嗖"的一声，空心入网，投中空心球。但是也不要只会想象，而是要真正地投入空心球。一般的投手只想着把球投进去，而优秀的投手更多地是想着投进空心球。投进空心球需要更加集中注意力，当你发现球最终触及篮圈而进时，你甚至会有些许的失落。想象你的每一球都是以空心球的方式投进的。想象自己保持平衡，双脚分开与肩同宽，投球的手臂完全伸展，手肘定在眉毛上方，头部静止不动，眼睛盯着目标。在场上投球成功之前，你必须想象你能成功。当我在高中、大学和国外打比赛的时候，我总是事先在脑海里将比赛过一遍。这样我便对比赛做好了充分的准备，甚至想要提前去经历一下。非常专业的球员都有着过人的智慧。想象自己会成功，那么你就极有可能成功；想象球会投进，那么它就极有可能投进。

努力保持一致

在投篮时，你的最终目标要始终保持一致，你要保持冷静，不焦不躁。要做到这一点，你必须养成良好的习惯，消除坏习惯，这样你才能获得正确的肌肉记忆。你可以采用固定的练习模式来培养一致性。每次当你踏上球场练习时，你应该从靠近篮筐的位置开始，进行一系列常规投篮。这种热身让你的生理和心理都做好了准备，并为你的投篮动作提供了一致性。热身准备很重要，因为它们能够让你专注于自己的投篮习惯以及可能会做出调整的投篮动作，比如挥动手肘或持球。如果你完成了热身，那么就可以准备投篮了。如前所述，绘制投篮图表可以为自己提供正在探讨或者正在投篮的具体信息，这样你就可以努力使肌肉记忆与投篮技术保持一致，从而更好地了解哪里需要改进或调整。

还要注意的是，为了保证在球场所有位置投篮都保持较为一致的高命中率，与其他位置相比，你可能需要在某个位置花费更多的时间进行投球训练，因为球员一般更愿意在他们命中率最高的位置练习。这样说会比较清楚，既然你是一个出色的三分投手，那么你是擅长在左侧、右侧抑或是底线投篮呢？如果你在自己很难连续进球的位置努力练习投篮，那么你的弱点很快就会变成你的强项。你也可以将从不同位置投篮的方式结合起来。花时间练习投篮以及搜集不同类型的投篮数据，比如上篮、中距离投篮、三分球和罚篮等类型。练习接球和弹跳，以及从右向左和从左向右运球。你可以组合出无穷无尽的惯性动作。投入时间进行训练，你就能在各种投篮中保持较为一致的高命中率。

保持快乐

可以将投篮看作一项游戏，游戏就意味着有趣味性、不无聊，记住这一点尤其重要。你在投篮时可能会觉得无聊，那你可以在每一次投篮时都挑战自我，通过这样的方式来保持投篮的乐趣。你还有很多方面需要去练习和改进，所以你永远不应该厌倦投篮。每次你踏进球场，你都是在和自己比赛。例如，你在球场的特定位置可以连续投进多少球，或者说你要投多少球才可以投进规定数量的球。你也可以将时间元素添加到投篮训练中，看看你在投入一定数量的球时需要花费多少时间。这样在下次训练的时候，你可以试着去打破你以前的成绩。通过改变练习次数或时间，你可以改变你的练习方式，让它们保持新颖、富有活力并且充满乐趣。

保持积极的态度

你应该以积极的态度对待你的投篮训练，这是我多次强调的事情。听起来很简单，对吧？不幸的是，许多球员在投入时间练习后并不能立即看到效果，这经常会使他们有一种挫败感。这种挫败感源于球员们渴望进步。如果你想要进步，那么你就带着积极的态度去进行投篮训练。每当我走进体育馆的时候，无论是去投篮、讲课还是训练球员，我都会感到兴奋。今天我所有的球都投进了吗？今天投进的球比之前投进的球要多吗？今天我所训练的球员的状态要比他自己所预想的好吗？如果你带着积极的态度去体育馆，那么你就会积极地完成训练。要知道，只有你才能控制自己的态度。所以继续投篮吧，不要找借口。

我想花点时间回顾一下我的投篮哲学的关键要素。

- **渴望进步**。非常专业的投手认为他们总有进步空间，并且他们有着强烈的愿望和职业素养去提升他们的投篮技巧。
- **绘制投篮图表**。这可以让你真正看到自己的进步，并对自己的投篮技术信心十足。自信铸就成功，而成功增添自信。
- **设定目标**。比如设定连续进球多少次的目标，这会让你保持投篮的动力，而且实现这些目标会给你带来成就感。
- **向前迈进，哪怕只是一小步**。一开始在篮筐附近投篮，然后逐渐拉大距离进行投篮。记住，婴儿在学会跑之前要先学会走，在学会走之前要先学会爬，投篮训练也是如此。
- **不要急于求成**。你不能急于求成，也不能在投球未中之时沮丧不已。相反，你应学会利用失误的相关数据来帮助自己更好地确定需要在哪方面继续努力。
- **在脑海中想象进球的场景**。想象自己的投篮技术完美无缺，自己永不投失，想象自己的投球应声入网。
- **努力保持一致**。通过进行一套固定的投篮训练计划来保持一致性，包括热身、绘制投篮图表，以及在球场的不同位置进行全方位的投篮。
- **保持快乐，保持积极的态度**。记住，把投篮看作一项游戏，而游戏具有趣味性。每天挑战自己，保持积极向上的态度，你将会以最快的速度成长为一名优秀的投手。

　　要想成为一名优秀的投手就必须学会正确的投篮方式，这些内容将会在本书的后面详细介绍。学习正确的投篮方式十分简单，真正困难的部分在于你对自己的认识，你要知道你可能需要对你的投篮训练做出调整，然后再花时间去努力训练。这需要很强的毅力，但是相信我，你可以做到。"以前没做到的事情并不代表现在做不到。"这是我的座右铭，我把这句话告诉你。当你翻开本书的时候，希望你能将其牢记在心中。最后，永远记住，当你没有练习投篮时，别人可能正在某处进行训练。"你想变得多优秀或多伟大？"这个问题只有你自己能回答。

第2章

想象

在 你开始为之努力之前，你必须能看到获得成功的希望。因为积极的思维可以帮助你收获一个良好的结果，这就是想象。想象是预想自己可以完美地完成任务。想象是一件很容易做到的事情，因为它不需要任何身体训练，它就像做白日梦一样，然而针对想象的心理训练常常被人们忽视。为了成为一名优秀的投手，你必须将想象融入你的日常训练中。

　　许多运动员在赛前都会进行想象，想象在实际比赛中可能出现的任何问题，这样他们就可以提前做好应对准备。这也有助于建立他们的信心，因为他们会想象自己成功了。当你还是孩童时，你可能会经常想象自己投进绝杀球，并且空心入网；但你从没有想象过自己投球未中、比赛失败的情形，想象自己投失一球简直会令人沮丧不已。如果你真的会想象自己投球未中，然后准备应对各种问题，那么你可能会成为一名更加优秀的投手。这些问题不是身体上的，而是精神上的。实际上，精神上的问题更难克服。

　　想象自己完成某件事情有利于增强自信。尽管想象自己成为一名更加优秀的投手不会直接让你变成一名十分优秀的投手，但这是一个正确方向的开始。如果你能看到，那么你就能做到。你在锻炼身体和研究投篮技巧之前，必须先厘清思路。

想象与五感

　　在真正投球入网，获得比赛胜利之前，你首先要想象自己能获得成功，虽然我们已经对此进行了讨论，但是要真正去想象自己在投篮，就必须更加集中注意力。如前所述，想象就像做白日梦一样，但又不仅仅是做白日梦。将想象与你所经历过的最生动的白日梦相比，想象是可以真实地看到、闻到、摸到、听到，甚至尝到的。想象要求你将自身感受融入其中。

视觉

　　你应该看些什么呢？先从想象自己完美的投篮动作开始。有关投篮的一切都完美无误。双脚分开至与肩同宽，膝盖弯曲，手肘收拢，跟进动作干脆利落。接着看着篮圈，更具体地说是看着篮圈中心。这就是你的目标，这是你想要把球投进的地方。想象球穿过篮圈，应声入网。你每想象一次投篮，就好像它是一系列排列在活页书中的投篮图片一样。每次投篮时都会在内心形成自己的电影，你会一帧接一帧地看到自己在连续地拍打着篮球。如果你能想象到这种场景，那么你在实际中就一定能做到。

嗅觉

当我建议你在想象的过程中运用嗅觉时，不单单是在说让你去闻自己的汗水的咸味。将嗅觉融入想象中可以帮助你去拿起你的折页照片，并且让它更具立体感。现在你不仅仅是一个人在投篮，你和篮筐之间还有一个防守球员，而且你会闻到一种气味。这种气味非常独特并且可以让你从想象中跳出来，它就是恐惧，即畏惧你的对手，这是阻碍你前进的唯一障碍。但你知道你可以战胜它。为什么呢？因为你闻到了"恐惧"，并且你对它十分熟悉。一旦你进行想象，你就会知道，它无法阻止你在防守球员面前投进空心球。

触觉

让我们更深入地研究一下触觉，实实在在地去感受你手中的球。你是不是正在接球并准备投三分球呢？或者你是否在攻防转换的过程中准备进行运球之后的急停跳投呢？无论在什么情况下，想象球落入球网，并且当球从你的指尖滑出的那一刻，你能感受到球的飞行轨迹。将球投出之后，仍然保持你的投篮姿势，并且在双脚起跳之后落地，去感受脚下的那片球场，就像是击败了跳起来防守你的球员一样。

听觉

现在，你的折页照片中的投篮图册应该已经形成。我的意思是，当你从头到尾想象一遍之后，这些图片应该会像詹姆斯·卡梅隆（James Cameron）的电影《阿凡达》中的场景一样向你一跃而出。现在让我们添加声音元素到你的训练中。你应该听到些什么呢？当然，你会听到观众呼喊你的名字，但是不要忽略更好的声音：当面向篮筐起跳的时候，你会听到球鞋吱吱作响；当球离开指尖时，你会听到自己的内心在呼喊"空心球"；当球碰到球网时，甚至可以听到真正空心入网时"唰"的一声；最后，听到你的防守球员唉声叹气的声音，因为他对你那不可思议的投篮毫无办法。

味觉

尽管你能够尝到自己汗水的味道，比如咸味，但它远不止这些，因为这只是最终感觉。当你的感受达到巅峰时，尽情地去享受它、品尝它，品尝一下荣耀的味道。当你将球完美地投出之后，尽情地感受对手对你的畏惧吧！你不能被封盖，因为你是个投手。

练习想象

如果你的想象能一直如此细微，那么你会开始觉得自己真的在投篮。一边说着"唰唰"这个词一边想象。想象是在精神上进行积极的准备，你有着积极的想法，能看到积极的想法，甚至能听到积极的想法。心理准备和生理准备同样重要，在比赛的日子里尤其如此。不要忽视想象的过程，优秀的投手会想象整场比赛。当他们驱车前往球场的时候，他们就已经开始想象了。在更衣室换衣服和赛前热身时，他们也会继续想象。中场休息时，他们会预测第 3 节和第 4 节可能发生什么情况，并再次想象自己取得比赛的胜利。一个优秀的球员知道他们必须进行体能训练，但同时也必须进行心理训练。

当你第 1 次进行适当的想象时，先去找一个安静的地方，因为在那里你不会分心。你需要给自己一个机会去完全专注于提高你的想象技能，甚至不要考虑放音乐或看电视。在当今这个科技发达的时代，我知道这可能是一个疯狂的想法，但你甚至可能需要将你的手机设为静音。你可能不会及时收到来自各社交平台的消息，但是相信我，你在训练之后可以随时查看消息，训练时的你需要屏蔽所有干扰信息，让你的想象力变得生动、具体。这一切都是为了培养良好的想象习惯。一旦你可以在一个安静的地方真正地看到、闻到、摸到、听到和尝到投篮动作，那么你就能把这些技能带到球场上。

记住，如果你能看见，那么你就能做到；如果你看不见，那你就做不到。想象是一个十分简单的过程，经常被忽视，甚至不当回事儿。优秀的球员都会进行想象。他们会腾出时间进行想象，并且知道做好心理准备十分重要。如果未能做好准备，那么就准备输掉比赛吧。如果你能想象自己获得比赛的胜利，那么我保证，在你内心深处的某个地方一定有获得胜利的能力。我们要做的是认识到自己的潜力，然后发掘它。

第 3 章

投篮技巧

在你学会三分急停跳投之前，你首先要能在距离篮筐 0.6 米的地方进行定点投篮。问题是大多数球员都想一开始就投出关键球。通过观察训练营、研习班和赛前热身的孩子们，不难发现，不管年龄大小，孩子们想做的第一件事就是拿到一个球，运球到三分线，然后让它飞起来。我很少看到一个年轻球员走进体育馆，直接从投篮开始。你开始投篮的时候就像一个婴儿一样。你需要逐渐学会爬、走，然后才可以开始跑。这是一个需要耐心和自觉性的过程。就像一个小孩子，你会摔倒，但关键在于要学会爬起来，掸掉身上的灰尘，在成为一名优秀投手的路上继续前行。

本章将详细介绍成为一名优秀的投手所需的正确技巧。为了完全理解如何正确地投篮，我们将把投篮分成几部分。本章将涵盖以下内容：脚的站位、体位、如何持球、怎样投球以及投篮目标的位置。在本章的末尾是一份评估清单，可以让你很容易确定你的问题所在。要仔细关注清单中提供的全部细节，诚实地评估你自己的投篮技术。非常专业的投手时常会对自己的投篮技术进行批判和审视，你同样也应该这么做。

站姿

投篮时，你要先从脚开始，就像盖房子先打地基一样。在这种情况下，投篮时脚的站位是基础，不管是跳投还是罚篮，或是投三分球，所有的投篮动作的基础都应该是一样的。一致铸就伟大，而伟大始于脚下。

首先，从双脚并拢开始（见图 3.1a），投篮一侧的脚保持不动，另一只脚进行滑动，对于惯用右手投篮的球员来说，滑动的就是左脚，直到左脚脚趾与右脚脚弓对齐（见图 3.1b）。然后，将双脚分开至与肩同宽（见图 3.1c）。这样可以确保双脚距离不会太窄或太宽。如果距离太窄，你将会失去平衡，而且这样会使你的投篮范围缩小（见图 3.2a）。如果距离太宽，你就失去投球入网所需的速度或爆发力（见图 3.2b）。这种站姿中的前脚是你投篮侧的脚，对于惯用右手投篮的投手来说是右脚。前脚的脚趾指向目标，这样的站位就会大致形成一条投篮线，脚趾、膝盖、臀部、手肘、肩部、手腕、篮球与球筐就尽可能地形成了一条直线（见图 3.3）。将这些部位保持在一条直线上将增加你投篮的命中率，并在整个投篮过程中减少不必要的动作，这

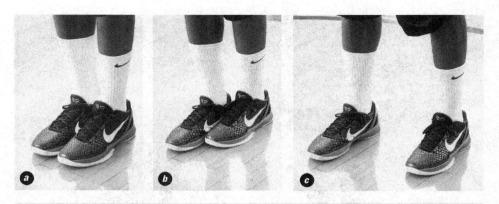

图 3.1　正确的投篮站姿

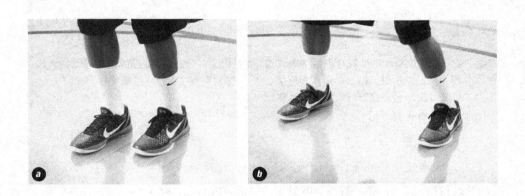

图 3.2　站姿：a. 双脚距离太窄；b. 双脚距离太宽

就是你在投球时应该使用的站姿。

　　如果你的双脚已分开至与肩同宽，则要让站位合适，你就必须确保膝盖弯曲，这样你就能在投篮时获得更好的平衡性、更大的力量和更强的爆发力。当你膝盖弯曲时，你的臀部也应该略微弯曲，将你的头部放低，这样你的肩部就在脚的前面，而头部在肩部的前面（见图 3.4）。如果你只是双膝弯曲，头部和肩部没有向前，那么你的脚后跟就会着地，当你接球并开始投篮时，会失去平衡。

图 3.3　这样的站位就会形成一条投篮线，脚趾、膝盖、臀部、手肘、肩部、手腕、篮球与球筐就尽可能地相对形成了一条直线

图 3.4　臀部与膝盖的弯曲可以增大投篮的平衡性、力量和爆发力

许多投手膝盖弯曲，但臀部不弯曲，这样会使身体过于直挺，脚后跟就跟钉在地板上一样。要将身体前倾，尽量靠近篮筐，脚不要移动。这样训练，你的臀部自然就会弯曲。保持这个姿势几秒，重复几次，熟悉这个姿势。

手臂

当你对站姿和体位理解透彻之后，我们现在开始集中训练手臂。你的腿部和核心肌群是你投篮的力量来源，而你的手臂、手腕和手指更多时候是投篮的工具，控制着你的触感和投球位置。我们还将进行更加细致的研究，以此来决定球如何从你的指尖投出。现在我们将讨论你的投篮手应该如何持球的问题，同时也会讨论手肘的正确位置以及如何正确放置你的辅助手才能最大限度地提高投篮的精准度。

投篮手

你的投篮手，右手（如果你习惯用右手投篮的话）或左手（如果你习惯用左手投篮的话）应该放在球的中心，这样你在投篮过程中就可以平衡篮球并控制篮球。为此，要将投篮手的掌心朝上或朝向天花板位置，并用手将球握住（见图3.5）。球要在你的手指上，手掌不与球接触。这样确保你在投球的时候，可以让球呈一定的弧度旋转。将球放在手掌上会使球滑出手掌。如果你的手放在球的正中心，那么无论你的手有多大或者多小，你都能很轻易地用手指来保持球的平衡。现在将球举到大约头部的位置与投篮臂呈字母"L"的形状（见图3.6）。保证你的投篮手和球之间留有一点空隙。要想检查投篮手与球之间是否有足够的空隙，有一个好办法就是，将你的辅助手的两根手指放到你的投篮手与球之间的空隙中，若辅助手碰不到球，则空隙足够大。当你准备投篮的时候，这个技巧可以保证你能完全将球控住（见图3.7）。

图 3.5　要将投篮手的掌心朝上或朝向天花板位置，并用手将球握住

图 3.6　准备投篮时，投篮一侧的手臂呈字母"L"的形状

图 3.7　检查投篮手和球之间的空隙

图 3.8　准备投篮时，使球与你的手指贴合

一旦你找到投篮手的合适位置，你需要确保的就是，在你每次投篮时，都以同样的方式将球放到你的投篮手中。有人说，球的位置并不重要，因为球是圆的，但优秀的球员往往要将篮球贴合在手中。换句话说，他们的投篮总有漂亮的弧度是因为他们持球的方式与众不同。你首先要找到球的打气孔，然后把它放在你的食指和中指之间（见图 3.8）。现在你的投篮手在球的中心，球也以正确的方式与你的手指贴合。你练习将手指与篮球贴合的次数越多，它们就越容易贴合，最后你都不用去看它们就能感觉到球与手指的接缝处。

手肘

不管你信不信，手肘都是你连续投篮命中的最重要的组成部分。最常见的问题就是投篮时手肘突出（见图 3.9）。一些教练说这个投篮问题就是投手投球时的手肘像鸡翅一样，因为投手这样投篮时，他的手肘看起来就像是从身体里突出来的鸡翅一样。如果手肘突出，则会降低投手投篮的命中率，因为手肘与篮筐不在一条线上，而且投手无法用正确的方式将球抛向篮筐。合理确定手肘位置有助于沿直线投出球，并且在将球投出之后，仍然保持投篮姿势，在这一过程中，投手的身体可以完全伸展开来，这些内容将在后面讨论。

图 3.9　投篮时手肘突出

如前所述，当手肘处于"L"形位置中时，如果你将球对准篮筐，那么投出的球的路径应该始终是一条直线。一旦投篮臂呈"L"形，那么你就应该确保手肘位于球的正下方以及投篮脚的上方（见图 3.10），这种"L"形的手肘位置是关键。如果你的投篮手肘弯曲的幅度过大，就会使"L"变形，这样一来你就不能正确投篮了，就会变成抛球。相反，如果你的肘部弯曲的幅度不够，就会变成推球。如果手臂能保持"L"形，那么你就可以正确地将球举起并投出。你要做一名投球手，而不是抛球手或者推球手。当手肘与球对齐时，球将直接对准篮筐。将球拿稳的同时，你的手腕应该翘起并固定，确保手腕向后弯曲，直到皮肤起皱。

图 3.10　确保手肘位于球的正下方以及投篮脚的上方

理论上，若你的手肘位置正确，那么你投球未中只有两种可能，一种是远距离投球，另一种是近距离投球。你可能只需要在其他方面做一些细微的调整就可以了。比如在你投篮之后，保持投篮动作时，要确保手肘完全伸展，或者在你完成投球时，手肘在眉毛上方。如果你的手肘突出来，那么你很可能将球投到篮筐的左侧或右侧。这涉及直线对齐的问题，纠正这种问题往往比调整其他问题更加困难。

很多球员投球时手肘突出，导致这一现象出现的原因有以下几点。第 1 个原因，当小孩子开始打篮球时，他们通常会向 3 米高的篮筐投篮，这会迫使他们抛球而不是投球。条件的限制导致他们练习不当，进而使投篮的坏习惯得以滋生，随着年龄的增长，这些习惯变得更难改掉。第 2 个原因，许多球员在接到传球时没有做好投篮准备。投篮准备是指球员在接到传球之前就应该准备好投篮。为了做好投篮准备，球员用投篮手向传球者示意，此时球员的手臂已经呈"L"形，手腕处皮肤已经起皱。球员在还没接住球的时候，其手肘就已经与投篮脚的上方对齐了。接下来，球员需要做的就是接住球（见图 3.11a）并将手臂抬高到投篮位置（见图 3.11b）。在完成连贯的投篮动作的过程中，持球、举起投球、身体完全伸展这些动作都要使身体各部位在一条直线上保持对齐。

球员投球时的手肘像鸡翅的第 3 个原因是他们没有花足够的时间去练习单手投篮的姿势。练习单手投篮时，关键是要将手肘放到正确的位置，否则

图 3.11　a. 球员需要做的就是接住球，做投篮准备；b. 将手臂抬高到投篮位置

球就会从手上掉下来。

投篮手投篮练习

　　这个练习可以使球员的投篮动作保持一致，训练时所使用的技巧在之前我们都讨论过。用投篮手练习投篮时，要采取正确的投篮姿势，用你的投篮手持球，手腕皮肤起皱，手臂呈"L"形。此次训练不需要你的辅助手参与。一般来说，辅助手是造成"鸡翅肘"的"罪魁祸首"。球员可能会使球偏离投篮手转而向辅助手倾斜，造成投篮手肘突出，进而导致投篮不中。

　　在这个练习中，我们将辅助手从训练模式中去除，使投手的投篮臂和手肘保持在正确的位置。先从篮筐正前方 0.6 米处开始投篮，直到你投进 5 球为止。接着后退半步再进行投篮，投进 5 球后继续向后退，直到你的投篮姿势开始变形——也就是说，你不再是在投篮，而是在抛球。一旦你的投篮姿势变形，那么你的投篮范围也就达到了极限。

要想保证较高的投篮命中率，那么你最好不要尝试远投，因为这样你的投篮技术会受到影响。随着你的投篮技术越发成熟以及投篮水平越来越高，你的投篮射程就会逐渐变远。本次训练的目标是，后退然后投球，再后退再投球，循环往复，直到投满 10 个投球点，总进球数达到 50 球。为了保持单手投篮的趣味性，你可以改变投篮的角度，例如你可以从一个特定的方向将球投入篮筐，而不是在正前方直接投球，你也可以沿着底线后退投篮。

练习单手投篮的另一种方法是多点投篮。从篮筐正前方开始，像往常一样投进 5 个球。之后沿着标志线的第 1 个点进行投篮，投进 5 球之后，接着去另一边投篮。就这样沿着两条标志线一直进行投篮训练。当你到达罚球线时，再投进 5 球，然后继续后退投球，直到你的投篮姿势变形。

练习单手投篮还有一种有效的方法是连续投篮，也就是说你要连续投出一定数量的球或者只要进球你就可以一直投，直到投球出现失误。虽然这可能会耗费你更多的精力，但有时这种训练方法可以让你使出全力并且集中精神。因为你在继续进行投篮训练之前会先投进 5 个常规球，而这 5 球较为单一，没有什么挑战性。要明白单手投篮是一种基本训练，即使在最高水平的比赛中，投手也会进行这种训练。在你进行更严格的投篮训练之前，先从不同的角度练习单手投篮，一次后退半步然后投篮，逐渐让它成为你日常训练的一部分。

辅助手

在你的站姿和投篮手的位置都正确了之后，你就应该在投篮训练中加入辅助手。辅助手的主要功能是保持球的平衡以及协助投篮手将球举起。辅助手不投球，也不引导投球的方向。虽然你可能会听到很多教练把辅助手称为引导手，但这并不正确，因为这个术语的意思是由辅助手把球引到篮筐中。我还听说过其他教练将其称之为副手或者非投篮手。当提及辅助手时，不应该使用这样的负面术语。例如，术语"非投篮手"意味着你不能用这只手投篮，而这并不是我们想要传递的信息。优秀的教学要能增强球员的积极思维，因为积极的思维会形成积极的行动。

辅助手要恰当地放在球的一侧。为了确保辅助手的手掌不会碰到球，需要将球放在辅助手的手指上，这与球在投篮手中所放的位置一样。

图3.12　为了找到合适的位置，将双手的拇指合在一起看，它们将呈类似字母"T"的形状，而辅助手的拇指位于字母"T"形的顶部

为了找到合适的位置，将双手的拇指合在一起看，它们将呈类似字母"T"的形状，而辅助手的拇指位于字母"T"形的顶部（见图3.12）。

将辅助手放在球的侧面可以让投手的双眼看到篮筐。这样将球举起时，球就不会向两侧晃动。球不晃动自然就可以提高投篮的命中率。年轻球员经常犯的一个错误是将辅助手放在球的前面（见图3.13a）。这样持球会将篮筐挡住，同时很可能还有防守球员会挡住投手的视线。

图3.13　错误姿势：将辅助手放在 a. 球的前面和 b. 球的上方

另一个经常犯的错误是将辅助手放到球的上方（见图3.13b）。这样做会使投手在投篮前的某个瞬间将辅助手松开。这样投篮会增加手的移动，同时也会增加投篮时间。球员高效移动，投篮才能更快，这一点至关重要。除了这些问题，许多球员实际上还养成了这样一个坏习惯，即他们在投篮中加入辅助手时，会将球向投篮手的一侧偏离。投篮手必须始终保持在球的正下方。如果投手移动了投篮手，那么他最终会用双手投篮，或者使辅助手不经意间就参与了投篮。

辅助手加入投篮训练

这个练习是投篮手投球训练的延续。现在我们在训练模式中加入了辅助手。用投篮手投篮时重点关注的是所有投篮动作要高度对齐，而在投篮时加入辅助手主要是为了将投篮手的动作对齐这一习惯保持下去。为了进行这项训练，投手从距离篮筐0.6米的地方开始投篮，当他们的投篮手臂呈"L"形时，将辅助手放在球的侧面。投手必须保持手臂伸直，手肘向内，投篮手放在球的中心。当投手认为自己的投篮动作正确后，他的搭档或教练需要去检查他的投篮臂和辅助臂的位置，然后他才能投篮。投手投进5球，后退半步，然后再投进5球，如此循环。就和用投篮手进行投球练习一样，这样的练习一直持续到投手的投篮姿势变形。投手无论是在进行加入了辅助手的投篮训练还是在进行投篮手投篮训练，这两种训练所采取的方法都是一样的。无论你是在篮筐正前方投篮还是有角度投篮或者是多点投篮，目标都是投满10个投篮点，每个投篮点需投进5球。之后投手会逐渐发现自己已经熟练掌握了基本的连进5球、连续投一定数量的球以及连进几球直到投球未中时停止投篮的训练方法。

投中目标

　　如果你想成为一个稳定的投手，那么你就必须有一个稳定的目标。通常情况下，教练如果问投手，他们投篮时在看什么，往往会听到不同的答案。有些投手可能会说看篮筐前面，有些投手可能会说看篮筐后面，有些投手可能会说看篮网与篮筐的连接处，或者干脆就说不知道。很少有人会说看篮筐中心。

　　无论投手从球场的哪个位置投篮，篮筐中心永远是投手应该关注的目标位置。不看篮筐中心的投手不会成为一个优秀的投手。举例来说，如果投手的目光直接聚焦到篮筐前面，那么当他们从边角处投篮时，他们会看哪里呢？他们不会看篮筐前面，因为他们根本看不到篮筐前面。目标改变了，投手的一致性也会发生改变，但是无论投手从哪里投篮，篮筐中心始终是关注点。目标一致，投手投篮也会一致。投手可能需要更多地将注意力和目光集中在篮筐中心，因此要成为更好的投手，投手就需要有着更集中的注意力。投手应该明白，他们的眼睛要盯着投篮目标，而永远不要跟着球的飞行轨迹。

　　目前，关于投手投篮时要瞄准篮筐中心的问题，我听到最多的争论是，投手在瞄准篮筐中心时是看不到实际位置的。因为这是事实，投手应该集中精神将球投进篮板的中间位置，也就是篮圈。瞄准篮圈可以使投手有一些容错空间，这意味着一个投手在实际投篮时，投出的球可能稍微偏长或偏短，偏左或偏右，或者是长短、左右方向组合偏离，但却仍然能够投中。

　　然而要注意的是，有一种情况会使投手的目标发生改变，那就是擦板球。在这种情况下，投手的目标不再是篮筐中心，而是在篮板中间的长方形的顶角，并且这个顶角离投手最近。这些内容将在第 7 章详细介绍。

投篮后仍然保持投篮姿势

保持投篮姿势是投篮的最后一步。投手要理解保持投篮姿势的目的，这是一个很好的工具，因为它可以为球员提供反馈信息，即什么动作是正确的，而什么动作是错误的。保持投篮姿势也为投篮提供了积极的能量和动力。

为了在投篮后仍然保持正确的投篮姿势，将球投出的那一刻，投篮臂要完全伸展，手肘在眉毛上方，并且要在身体前面。所有参与投篮的身体部位应该保持在投篮线上：脚趾、膝盖、臀部、肩部、手肘、手腕和手都保持对齐。投篮臂不应有多余的动作，比如将手臂划过自己的头部或绕着肩部转动过投手的脸部或肩部。对于习惯用右手投篮的投手来说，右手保持在身体的右侧，左手保持在身体的左侧。投篮手应该直接指向投篮目标，投篮手的手指指向地板且大约呈45°角（就像是把手伸进饼干罐里一样），手腕在投篮臂中处于最高点（见图3.14）。将球投出后，辅助手也应停留在空中。很多投手会放下辅助手并且将球投出，这就会使投篮手一侧的身体向投篮目标倾斜，而辅助手会将身体拉离投篮目标（见图3.15）。这样投手的身体就会发生扭曲，而不能再笔直地完成投篮。投手在保持投篮姿势时，必须将双手举高。投手的头部

图3.14　**投篮后保持投篮姿势**

图3.15　**在保持投篮姿势时将辅助手放下是错误的做法**

仍然处在身体的中央，眼睛要盯着投篮目标，而不要盯着球的飞行轨迹。

当你将球投出的那一刻，你就应该将所有投篮动作固定，直到球空心落网。许多投手会过早地放下手臂，这样教练在对投手进行投篮姿势评估时就难以获得反馈信息。肘部在眉毛上方吗？手朝着篮圈方向吗？投篮动作完成后投篮手一侧的身体部位还保持在一条直线上吗？在实际投篮后，保持固定的投篮姿势，这样你的教练就能给你提供有价值的反馈信息。如果你在练习中把手放下得太快，那么你在比赛中会把手放下得更快，因为比赛节奏非常快。

保持投篮姿势的动作练习

为了帮助投手保持固定的投篮姿势，教练可以高举双手专门强调这个姿势。为了进行这个练习，让投手在他们的射程内进行投篮，保持固定的投篮姿势直到球落地。检查以确保双手举高，并且投篮臂在完成投篮动作后仍然在投篮线上。将这个练习与单手投篮练习和双手投篮练习结合，加入你的投篮热身中。

想象鸡蛋磕在篮圈上的练习

此项训练可以更好地帮助投手保持他们的投篮姿势，让他们在投篮时有更大的弧度，并且不会碰到篮筐。这也与瞄准篮筐中心直接相关。为了进行这一训练，投手要使用标准的投篮姿势，其投篮臂和辅助臂也要放置正确。投手要想象鸡蛋磕在篮圈上。这样一来，训练的目标就很简单：不要打碎鸡蛋。这次训练将完成两件事。第一件事，它将迫使投手尽全力去保持完美的投篮姿势，手肘在眉毛上方，手朝着篮圈方向，以最大的弧度将球投出。第二件事，它会增强投手的视觉焦点，投手会养成投空心球的习惯，因为他们不想打碎鸡蛋。场下的观众嘈杂不已，这会影响投手发挥。但是你知道吗？即便在这样的情形下，投手仍然可以将球投进。

投篮技术评估

　　在本节中，你将得到一张评估清单来帮助你自己的评估投篮姿势（见表3.1）。你为什么没投进？是你的膝盖弯曲但臀部没有弯曲吗？你的手肘在球的下方还是像鸡翅那样突出？这些只是你在浏览这张清单时可以问自己的几个问题。你可能会发现有一个主要问题需要你去关注，例如，你发现了自己的辅助手放置在球的上面。首先发现这个问题，然后纠正它。一旦将这个问题纠正，你会发现你的身体平衡性变得更好了，所以接下来你只需要调整脚的位置即可。

表 3.1　投篮技术评估清单

	要点	等级	标注
站姿	·双脚前后站立（一只脚的脚趾与另一只脚的脚弓对齐） ·双脚分开至与肩同宽 ·参与投篮的身体各个部位大致在一条直线上 ·膝盖和臀部弯曲 ·脚后跟离地	_____从不 _____有时 _____大多数时候 _____每次	
投篮手、手臂和手肘	·篮球与手贴合 ·在球的正下方，手臂呈"L"形 ·手腕起皱 ·球和手掌之间留有空隙	_____从不 _____有时 _____大多数时候 _____每次	
辅助手	·放在球的一侧 ·手与球之间留有空隙 ·双手拇指形成"T"形	_____从不 _____有时 _____大多数时候 _____每次	
投篮和投篮之后保持投篮姿势	·手肘在眉毛上方 ·参与投篮的身体各部位保持在投篮线上 ·投球之后所保持的投篮姿势就如鹅的脖颈形态 ·辅助手举高、举直	_____从不 _____有时 _____大多数时候 _____每次	

源自：D. Hopla, 2012, *Basketball shooting* (Champaign, IL：Human Kinetics).

分阶段进行评估。即使是优秀的投手也会不断地评估自己的投篮技术。雷·艾伦（Ray Allen）可能会在美国职业篮球联赛赛场上连续投进 5 个三分空心球，但是第 6 球却磕在篮圈上了。这是什么情况？投篮之后需要保持投篮姿势，那他将姿势固定了吗？他瞄准投篮目标了吗？雷·艾伦很可能会对那次失误进行评估，接着做出调整，最后在进行下一次远投时习惯这种调整。

这张清单从一致性的角度对投篮习惯进行评估。要想成为一名优秀的投手，你必须将投篮动作保持一致。诚实地进行评估，让你的教练给出建议。仔细检查每一个投篮要素，然后进行自我评估。一旦你觉得自己有需要改进的地方，就把这些信息告诉你的教练，然后得到他们的反馈。你不要认为这个过程是在消极地批评自己。这一切都是为了让你有所提高，让你变得更加优秀。所有人投篮都是从某一方面开始的，这张清单为你的投篮训练提供了一个框架。利用这张清单和你周围的资源，你就很可能成为一名优秀的投手。

你现在已经掌握了正确的投篮知识。投篮是一门必须花时间和精力去磨炼的手艺。你要明白作为一名投手，一致性也许是决定你能否成功的最重要的因素。不仅在分解自己的基本投篮技术时要保持一致，而且在对自己的常规训练做出调整后也要保持一致。例如，当你阅读本书时，你会发现，无论你是接球之后投篮还是运球之后投篮，针对你的接球方式和正确地把球放入投篮区的方式，都有不同的训练方法。无论投篮风格如何，投篮技术都将与本章涵盖的投篮要素保持一致。投篮技术评估清单不仅仅是一个指南，供你用来评估你在投篮技术方面需要练习什么或不练习什么。同时这也是一张核对表，一步一步地评估你的投篮技术，这样你就可以在进行不同方面的投篮练习时仍然保持一致。你能变得多好或多优秀？这取决于你的投篮技术的一致程度。

第 4 章

罚篮

既然你已经有了投篮基础，那么你就必须掌握罚篮，或者说是投一分球。罚篮被许多人称作犯规投篮或罚球。我之所以不喜欢这样叫，是因为犯规是一个消极的词语，而罚球会造成消极的形象。你必须在思想、行动和言语上始终保持积极。如果某些事情犯规，那就意味着它是糟糕的、不愉快的、令人生厌的、不好的事情。你想成为一个糟糕的、令人不悦和讨厌的、技术很差的投手吗？你当然不想，但实际上很多投手都是这样的。还有，罚球这个术语并不准确，你是想投球，而非罚球。你可以踢足球或者掷棒球，但你一定是投篮球。如果你想变得优秀，那么你必须正确地思考。罚篮符合这一思路，要成为一名优秀的球员，你的想法必须不同于其他人。

当进行罚篮时，不要满足于一般的命中率。你的罚篮命中率没有理由低于80%。但似乎大多数人都能接受一般的命中率。例如，在听解说人员讲解比赛时，他们经常会说某个球员的罚篮很棒，接着就会说这个球员的罚篮命中率达到75%。75%的罚篮命中率什么时候称得上优秀了？为了提高你的罚篮命中率，如第2章所述，首先你必须想象自己投中空心球，然后你必须练习使用正确的投篮技巧，投篮技巧在第3章有所叙述。有个词概括了如何能成功地进行罚篮：熟能生巧。

许多不同水平的球员都有一个同样的问题，那就是当他们在进行罚篮训练的时候，没有一个可靠而健全的常规训练可以供他们坚持练下去。他们可能在第1次罚篮前先运一次球，结果没有投中；然后他们在第二次罚篮时决定尝试一些不同的东西，运球3次然后进行罚篮。他们可能离罚球线一步或者两步，而不是正好在罚球线上，他们也可能向左一步或者向右一步。他们可能不会把手指放在球的接缝处，从而导致在每次罚篮时，持球的力度不一样。在罚球线上投篮也要全部保持一致，为了保持一致和提高肌肉记忆的能力，你必须一遍又一遍地进行相同的训练。

纵观篮球史，一方面，优秀的罚篮球员层出不穷，如比尔·沙曼（Bill Sharman）、里克·巴里（Rick Barry）、卡尔文·墨菲（Calvin Murphy）、马克·普莱斯（Mark Price）、雷吉·米勒（Reggie Miller）、史蒂夫·纳什（Steve Nash）、昌西·比卢普斯（Chauncey Billups）和里普·汉密尔顿（Rip Hamilton）。里克·巴里用低手投篮，是一个优秀的罚篮球员。他的罚篮技术证明了这样一个事实：如果你在某些方面练习得足够多，那么你在这方面就会非常成功。但是你必须花时间不停地、重复地去练习。另一方面，也有很多罚篮不怎么样的球员，他们在篮球比赛史上同样留下了各自的足迹。以下是一些罚篮较差的球员：威尔特·张伯伦（Wilt Chamberlain）、沙奎尔·奥尼尔（Shaquille O'Neal）、本·华莱士（Ben Wallace）、丹尼斯·罗德曼（Dennis Rodman）和德怀特·霍华德（Dwight Howard）。记住，如果你是一名优秀的投手，当你失误时，所有人都会感到震惊。但是如果你是一个投篮技术较差的球员，当你投进一球时，所有人也都会感到惊讶。

罚篮技巧

罚篮时会涉及一些基本的投篮技巧，这与第 3 章所讨论的内容是一致的。本章会带你去了解影响罚篮的生理因素和心理因素。你用于罚篮的技巧实际上和你在投篮训练中加入辅助手时使用的技巧是一样的。罚篮主要的不同之处在于球员在赛场或训练场地上的精神状态不同。回想一下保持一致的重要性，如果你的投篮方式一致，那么当你站上罚球线的时候，你就会信心十足。

站姿

优秀的投手在每次投篮时都努力让自己的一只脚的脚趾和另一只脚的脚弓对齐。站在罚球线上进行罚篮要比挡拆跳投更容易找准合适的站姿。这是

你应该投多少球？

大多时候，球员会练习各种他们在比赛中可能永远不会用到的花式运球动作，而不会花时间在罚球线上进行训练。那么一个球员每天应该投多少次罚篮呢？你需要关注的是投进几球，而不是投了多少球。许多教练最后以"罚"篮的方式结束训练。他们要求球员投 50 球后才能回家。在这种情况下，一个投篮水平较差的球员很可能会尽快投完 50 球，这样他就可以走出体育馆回家去了。相反，一个要求球员在回家前投进 50 球的教练则可以让球员更加专注。一个球员要想变得优秀，就必须在回家之前，投进 100 个罚篮。你猜会怎么样？投进

100 个罚篮并不需要花很长的时间——如果你是一个优秀的投手，可能只需要花20 ~ 30 分钟，时间的长短取决于你在投篮之前运球的次数。

图 4.1　如果你是一个惯用右手投篮的投手，那么你会把你的右脚对准罚球线的中心点

因为罚篮是定点投篮，可以允许球员使用第 3 章所述的技巧将他们双脚的位置调整正确。罚篮里有一个需要注意的地方就是大多数罚球线的中间有一个点。你首先应该做的事情就是找到这个点。这个点与篮筐的中心要对齐。在极少数情况下，你会发现自己脚下的罚球线没有中心点，如果是这样的话，那就尽你最大的努力去确定篮筐的中心在哪里，然后将你的投篮脚放在那里（如果你是惯用右手投篮，就用右脚）。大部分球场都应该标有中心点，所以这并不是大问题。如果你是一个惯用右手投篮的投手，你会把你的右脚对准罚球线的中心点（见图 4.1）。如果你习惯用左手投篮，那么就反过来，罚球线的中心点与左脚对齐。这种站位可以让你在投篮时，将你的投篮手与投篮线保持一致。

一旦投篮脚与中心点对齐，另一只脚就要移到投篮脚旁边（见图 4.2a）并向后滑动，直到脚趾与投篮脚的脚弓对齐（见图 4.2b）。接下来，移动后脚（辅助脚），直到双脚分开至与肩同宽（见图 4.2c）。这样的前后站立的

图 4.2　正确的罚篮站姿

姿势可以使你的身体获得完美的平衡性。

　　一旦双脚站定，臀部和膝盖弯曲，就可为罚篮提供动力。臀部弯曲时，将头部和肩部向下或向前倾，这样肩部在脚的前面，头部在肩部的前面。然后膝盖弯曲，直到脚跟离地（见图4.3）。臀部和膝盖弯曲可以为你提供适当的平衡性和力量，让你将球投进篮筐。

　　如果你是一名年轻球员，你可能需要稍微弯曲臀部和膝盖，以产生足够的力量来将球投进篮筐。如果你仍然需要额外的力量，则可以考虑向前踏进一步进行罚篮。要做到这一点，首先要像前面描述的那样摆好站姿，然后把投篮脚放在非投篮脚的后面。准备投篮时，抬起投篮脚，向罚球线的中点踏进一步。

图4.3　**臀部和膝盖弯曲可为罚篮提供适当的平衡性和力量**

向前踏进的这一步可以让年轻球员聚集足够的力量来确保球能够进到篮筐中。然而，当你使用这种技术时，你必须小心谨慎，因为这在罚篮时会导致违例和犯规。真正重要的是膝盖和臀部的弯曲。作为一名年轻球员，如果你只是膝盖弯曲，而臀部没有弯曲，那么你的头部和肩部将无法向前倾。这意味着你的脚后跟可能会与地板保持接触，在你将球举起之前，你的脚与地板相贴合。如果你以这种方式投篮，那么你的力量将会大大减弱，当你在罚篮时，球很可能会磕到篮圈。

建立一个罚篮的常规训练

如果你想成为一名优秀的罚篮投手，那你必须养成一种习惯。我们要强调的是，实际训练中的细节并不重要，重要的是你要保持一致——训练时使用的投篮技巧与比赛时使用的常规技巧要保持一致。投篮技巧无论在什么情况下都不要发生改变。要想将罚篮技术练好，记住一个词：熟能生巧。在进行日常投篮训练时，你应该考虑以下几个因素。

▶ **你打算运多少次球？** 例如，一些球员喜欢运 1 次球，一些球员喜欢运 3 次球。再强调一次，你在罚篮之前运几次球并不重要，重要的是你每次罚篮时运球的次数要保持一致。

▶ **在投篮之前你的大脑里在想些什么？** 在投篮之前，你是否因之前上篮未进而感到慌张，从而错失了拿三分的机会？你之前两罚全部未中吗？无论消极的想法在你的大脑中"游荡"了多久，都不要把它们带到罚球线上，你唯一应该关注的是下一个罚篮。

▶ **你在想象自己投空心球吗？** 在如今的美国职业篮球联赛中，没有人比史蒂夫·纳什更擅长想象投篮了。每当他走上罚球线时，裁判甚至还没把球递给他，他就开始进行投篮演练了，你可以从他的眼睛里看到他的想象："唰唰"，球空心入网，球投进去了。你同样也应该这么做。

▶ **你放松吗？** 比赛令人兴奋，通常会让球员的精神紧绷。深呼吸，在罚球线上学会放松，这会让你成为一个更加专注和稳定的罚篮投手。

▶ **你在罚篮时的表现是否像日常训练一样？** 我的意思是，除了选择运球的次数外，你还可以结合其他的方式来使罚篮更加个性化和常规化。例如，贾森·基德（Jason Kidd）在罚篮前会先给篮筐一个飞吻，卡尔·马龙（Karl Malone）以前在投篮之前常常会自言自语。无论你选择练习什么，都要保持一致。

手臂

确定了双脚站姿后，你必须有一个合适的持球方式。无论你的投篮手是大还是小，它都应该在篮球的中下方，并且与篮球的接缝处贴合，如第 3 章所述。球应该放在手指上，手掌不要碰到球。你一定要既舒适又平稳地去持球，手指分开的距离不要太宽或太窄。辅助手应该在球的一侧，这样两只手的拇指就大致呈字母"T"形。辅助手的手掌也不与球接触——只有手指与球接触。辅助手的作用是稳定球，并在投球过程中帮助投篮手将球举起。要掌握正确的持球姿势（见图 4.4）。

图 4.4　**注意投篮手手掌和球之间保留空隙，还要注意双手拇指大致呈"T"形、投篮臂形成字母"L"形**

一旦将辅助手的位置放好，投篮手的手腕就应该弯曲、竖起并锁定。投篮手的手肘位于投篮脚的正上方，这样投篮臂就形成了字母"L"形。现在你投篮一侧的身体部位要大致在一条直线上，脚趾、膝盖、臀部、手肘、肩部、手腕、球要与篮筐中心对齐。

如果你在罚篮时脚步不稳，则会出现反向运动。一旦你举起球，所有的重量都将压到脚后跟上，这会导致反向运动。我的意思是反向运动是将球员的重心向后而不是向前移动。当脚后跟离开地板，膝盖和臀部随着身体向上伸展时，就不会出现反向运动了。弯曲和伸展是口头上的简洁说法，它实际上是想告诉你，在举球投篮的时候，要注意一下弯曲和伸展的节奏。

图 4.5　罚篮后保持投篮姿势

罚篮之后保持投篮姿势

　　在罚篮之后保持投篮姿势的过程中，你应该踮起脚，直到球干净利落地落入网中。投篮臂应该完全伸展，手肘在眉毛上方，手伸向篮圈的方向（见图 4.5）。辅助手保持向上，不要马上放下来。保持这个姿势，直到球空心入网。如果你投篮之后没有保持投篮姿势，而过早地放下手臂，那么你很可能也无法保持踮起脚的动作，从而导致投篮不中或身体向左右偏移。

罚篮训练

　　有无数种方法可以用于罚篮练习，并且让练习不那么单调乏味。在练习中投进 50 球或 100 球是任何一名球员在成为一名优秀的罚篮投手之前都必须迈出的重要一步。作为一名球员和教练，我也明白这些重复训练有时会很枯燥无聊。以下是一些比赛性质的罚篮练习，可以帮助你集中精力去提高这一至关重要并且可以改变比赛结果的投篮技能。

投空心球练习

这个练习十分有效，可以使球员在罚篮过程中产生自信。球员可以组队共用一个篮筐，各投两球，投进空心球得2分，不是空心球的话得1分，如果球不进，就从球员的得分中扣除1分。达到11分并且超过其他球员2分即可获胜。

3-25练习

这个练习的目标是，在你罚篮投失3球之前要投进25球。要做到这一点，你的罚篮命中率必须接近90%。你可以单独进行这项训练，也可以将其作为整个球队最后进行的训练项目。当整个球队队员都参与的时候，你可以通过短跑冲刺来增加压力。对于整个球队来说，每个球员投2球，在球队罚篮投失3球之前，必须投进25球。每次失败之后，所有球员都要在球场上做冲刺训练，完成之后再继续进行之前的罚篮训练。将这个练习作为球队最后的训练项目是对球员心理抗压能力的真正考验，但它却能增进球员之间的友谊，并且当每个球员站上罚球线的时候，这项训练可以帮助球员和教练建立信任。

5次罚篮结合5次辅助手上篮练习

通常，你可以通过练习其他投篮技能来节省训练时间。这个训练就是如此。你进行一次罚篮后，先保持投篮动作，直到球落地；再用辅助手上篮；接着用辅助手大力将球运回到罚球线上。这个训练可以练习3种技能。它的重点在于训练球员在疲劳时的罚篮能力、辅助手带球上篮的能力以及辅助手的控球能力。

投进两球冲刺到底线练习

这是一个训练你连进两个罚篮的好方法。在这个训练中，目标是投进两球后，冲刺到对面半场的底线，然后再投进两球。重复这个训练，直到你投进 20 球为止。如果你投失一球，则要立即冲刺到底线进行折返跑。你并不想养成在罚球线上两罚中一的习惯。这种训练需要集中注意力，并且进行周期性的冲刺，以此来模仿比赛氛围。毕竟当你在比赛中站上罚球线的时候，你很可能会累得喘不过气来。所以要在上述条件下进行模拟训练。

罚篮是比赛的一个主要部分，很多球员都忽略了这一点。你只需要查一下任何比赛日的得分情况便能明白。我向你保证，任何一场比赛的分差实际上都可以通过罚篮来进行弥补。错失罚篮机会的一个典型例子就是，在 2008 年美国大学体育协会联赛上，当时孟菲斯灰熊队（Memphis Grizzlies）在最后 2 分钟的比赛中 4 次罚篮未中，没能扩大领先优势，最终在加时赛中输给堪萨斯城酋长队（Kansas City Chiefs）。其中一个罚篮是被 2011 年美国职业篮球联赛最有价值球员德里克·罗斯（Derrick Rose）投失的。我可以肯定地说，在比赛最为艰难的时刻，德里克·罗斯会觉得自己扮演了一个该罚篮投手的角色。掌握罚篮技术的真正秘诀是多投篮。记住，你不练习投篮时，别人正在某处练习。当你遇到那个一直练习投篮的人，并且要在罚球线上决胜负的时候，谁将会是那个准备好站到罚球线上并且终结比赛的人呢？

第 5 章

中距离跳投

虽 然在三分线内投球的都可以称作中距离投篮，但中距离投篮往往发生在内线之外（三分线以内），因为内线里面多有身材高大的篮下球员进行拦截。在本章中，我们将介绍最简单的跳投——原地中距离跳投。

中距离投篮必须始终保持一致，因为它们对你投篮姿势的发展至关重要。 一旦你掌握了中距离跳投技巧，那么它将带你解锁比赛的剩下部分。你可能会不相信，但看看迈克尔·乔丹就明白了，他是 10 个赛季的得分王，他的得分比美国职业篮球联赛历史上任何一个球员的得分都多。大多数人认为迈克尔·乔丹是一个扣篮飞人。他的许多得分都是通过扣篮得到的，而这些年迈克尔·乔丹的得分在联盟中一直处于领先地位，因为他的跳投高度能达到 4.5 米。这种高度的跳投根本难以防守。当你也能以这样的高度跳投时，你的防守球员会做何感想？他能防住你吗？嗖！球在空中划出一条弧线进入篮筐。迈克尔·乔丹知道这一点，并且比篮球史上的其他球员都更好地利用了这一点。

大多数球员面临的问题是，当他们可以在 3.6 米～ 4.5 米的高度连续跳投命中之前，他们都想跑到三分线外投篮。从近距离开始投篮，由近及远，就像是刚开始学习投篮一样。你在距离篮筐 6 米远的位置将球投进之前，你必须能在距离篮筐 3 米远的位置将球投进。迈克尔·乔丹也明白这一点，你可以看到，在他职业生涯的后期，他的进步很大，成了一名优秀的远距离投手。这一切都源于他掌握了中距离跳投技巧。

中距离跳投技巧

中距离跳投技巧与第 3 章所讲的投篮技巧息息相关。最大的不同是你将在空中投篮：跳投。我们将探索投篮的基本技术，使球员既可以在接球后原地跳投，也可以在运球后急停跳投。

原地跳投是最容易教授的投篮技术之一，也是球员最常用的投篮方式之一。这是每个球员练习最多的投篮技术，因为它需要做的动作最少，也最容易练习。对于原地跳投来说，球员不能左右移动，也不能运球投篮。在进行原地跳投训练时，球会从底线传到你的手中。你可以和一个站在篮筐下的队友一起练习，让他把球传给你，或者你也可以很容易地通过让球回旋来模拟传球，然后把球传给自己。回旋很容易理解，就是将球扔到你的前面，并且给球施加一个旋转的力度，使球可以朝你所在的方向旋转。当球从地板上弹起时，它会回到你的身边，从而达到模拟传球的效果。原地跳投时，基本的投篮技巧永远不会改变：只需向前迈进一两步，然后投篮。惯用右手投篮的投手先迈左脚，然后将右脚迈到投篮位置。

站姿

在接到球之前，你应该保持平衡的站姿，双脚分开至与肩同宽，膝盖弯曲。弯曲膝盖时，臀部也应该弯曲，头部和肩部向前倾。肩部应该在脚的前面，头部应该在肩部的前面。如果你的投篮动作标准，那么你的脚后跟会离地并且脚会踮起。请注意，这种站姿是篮球运动中的一个基本站姿。如果你正准备传球、协防、卡位或抢篮板，那么你就可以使用这种站姿。在这种情况下，为了可以原地跳投，你需要向前一步准备接球。

接球

在你去接球之前，你必须向你的传球者传递一个信号。这有助于传球者理解你想在哪里接球。为了传递信号，你可以将投篮手的掌心面向传球者，手腕向后弯曲并固定，指尖朝上，固定投篮臂以形成"L"形。我们称之为"掌心朝向传球者"。辅助手的指尖应该指向传球者。传球者应该只看到投篮手的掌心，而不是辅助手的掌心。双手形成了所谓的投篮区（见图5.1）。请注意，如果你只将投篮手的掌心朝向传球者，那么你的手肘将永远不会伸出来，这样你就能保持正确的

图 5.1 双手形成所谓的投篮区，为了传递接球信号，你可以将投篮手的掌心面向传球者

投篮线，如第 3 章所述。

　　当球向你飞来时，开始运用你的两步急停步法。第 1 步是中枢脚向前迈进一大步接住球。惯用右手的球员迈左脚，惯用左手的球员迈右脚。脚步迈得大可以帮助你更快地接到球，并降低你的身体重心。这一步应该先让脚后跟着地（见图 5.2a），然后逐渐把身体重心转移到脚趾或脚掌上（见图 5.2b）。这只脚现在就成了你的中枢脚。

　　在原地跳投的接球阶段，一旦你的中枢脚出现，你就可以接球了。你的眼睛要盯着球，用双手将球接住，一直看着它进入投篮区。接住球后，立即瞄准投篮目标，也就是篮筐中心。现在，两步急停中的第 2 步也要开始了。不要抓住球不放，向前移动你的投篮脚，恢复原来的站姿，膝盖和臀部弯曲，同样不要停顿。将球举起然后投篮，你的投篮要有威胁性。两步急停可以让你获得动力，并且在投篮时，让你的双腿保持高效和平衡。

图 5.2　两步急停接球的步法

要球练习

你要经常要球，这样可以让传球者知道你已经做好接球准备了。要球不能只靠喊，专业的投手会用他们的嘴巴和眼睛并通过手来传递要球的信号。要球可以帮助你有节奏地去接球，这样你就可以做好投篮的准备，因为你已经提醒过传球者你这边是空位，你正在鼓励他更好地将球传给你。

要球时要记住以下几点。

▶ **喊着要球。** 你应该大声喊。如果你在座无虚席的体育馆里小声地说"传球"，那唯一知道你这边是空位的人只有你自己。所以要喊着要球："球，球，球，球，球！"

▶ **使用你的眼睛。** 接球前要和传球者进行眼神交流。不要让你的防守球员干扰到你，也不要管观众在看台上喊什么。你和你的队友必须站在统一战线上。用眼神告诉传球者，你准备好接球了。

▶ **表明接球位置。** 确保你投篮手的掌心朝向传球者，就像是在棒球比赛中接球手的手套朝向投手一样。这样会使你的投篮臂形成"L"形，使你投篮一侧的身体保持在投篮线上，增加你投篮的命中率。在你投进几球之后，你会接到更多的传球。

若是作为教练，你必须向球员强调沟通是成功的重要组成部分。要球强化了这一原则，但球员们可能仍然不愿意主动要球。如果发生了这种情况，你可能必须要求队员去沟通。你要怎么做呢？答案很简单：告诉他们，如果他们不主动要球，队友就不会再把球传给他们，没有例外。球员们必须学会喊着要球，并且确信当他们接到球时，可以投篮命中。

请注意，许多教练会教球员在接球时用跳步急停步法。在选择原地跳投还是中距离跳投时，我更倾向于两步急停接球后跳投。跳步急停听起来跟字面含义似乎一样：双脚同时发力离开地面，跳起后将球投出。这时你会发现你的身体是腾空的。虽然你的身体在运动中仍然可以保持平衡，但是跳步急停这种接球方法有一个问题：当你跳起且腾空时，你所有的力量也跟着一同消散，现在你需要重新发力将球投出。同样，当你停下来的时候，防守球员会迎前紧逼，因为他可以很轻易地将你的投球进行封盖和截断。当你用两步急停方法接球并投篮时，你是进攻者，防守球员只能紧随其后。

投篮

当你学会了要球和接球后，你现在需要思考的是在两步急停接球后进行原地跳投时，如何能更好地举球并将其投出。当投篮脚在前时，起跳，身体腾空，然后直接将球投出（见图 5.3）。投篮脚应该与投篮目标保持在一条直线上。起跳会将你的身体带起并且让你略微向投篮目标倾斜。这是由原地起跳的惯性所致。身体在起跳过程中要避免发生转动或变形，因为如果身体发生转动或变形将导致身体与一开始投篮时形成的投篮线发生错位。当身体向上移动时，手臂将球举起。手的位置和持球的力度不会受到影响，因为你用的是双手形成的投篮区来接球。在手臂伸展开之前，投篮臂应保持"L"形。应在跳到最高点之前将球投出。如果等跳到最高点时再将球投出，那么你的力量就会向下落，这样很可能导致球够不到篮筐。

图5.3　起跳并将球投出

投篮之后保持投篮姿势

将球投出之后，你必须盯着你的投篮目标，并且将投篮姿势固定住。投篮手应与投篮目标保持在一条直线上（将手伸向投篮目标），手肘应完全伸展开，并且在完成投篮后，手肘要在眉毛的上方和脸的前方，而不是在脸的后方或耳朵的旁边（见图 5.4）。如果完成投篮之后，投篮手位于耳朵旁边，这样就会使球的弧度过大。如果你以手肘低于眉毛的姿势将球投出，那么你将成为一个极不稳定的投手，你投出的球很有可能碰到篮圈，从而发出"铿铿"的声音；就算你碰巧将球投进，那么你的进球也会与篮圈发生碰撞，而不会是空心球。

曾效力俄克拉荷马城雷霆队（Oklahoma City Thunder）的凯文·杜兰特（Kevin Durant）就是一个例子，他在进入美国职业篮球联赛后，开始为保持自己的投篮姿势而勤加训练。如果你看着他投篮，有时你会注意到，当他将球投出之后，他的投篮手肘在他的眉毛下方，而且他的投篮没有弧度。他在有限的职业生涯中一直努力地提高自己的投篮命中率，这一点可以从他逐渐提高的命中率中得到证明。他总是在研究他的打球技术和投篮技巧。凯文·杜兰特对自己的投篮水平从不满足，2012 年他赢得了他的第 3 个美国职业篮球联赛得分王称号。优秀的人总是在进步。

随着你的随球动作伸展，并且在你将球投出之后，你的手肘位于眉毛上方，这时你就应该考虑如何使用辅助手了。辅助手应该保持在球的一侧，指尖朝上大约倾斜 45°角，不要发生任何扭曲或转向。不要放下辅助手，因为你的反向动作会导致你投篮失误，同时也会使投篮线发生偏离。你的投篮手向上伸展，然后辅助手保持原状，直到球落到地下。

当你从 4.5 米或更远的地方进行跳投时，一定要保持投篮姿势。许多教练犯了一个错误，就是喋喋不休地催促球员们不停地补投。你能从不同水平的教练那里听到同样的内容。但是你要明白：投篮距离越远，如果投球不中，那么球碰到篮圈之后反弹的距离就会越远。发生这种情况是因为球员在远处投篮时用的力量比在近处投篮时用的力量要大。要在你的中距离投篮训练中形成这样一个概念：投球之后仍然要保持投篮姿势。

图 5.4 　**跳投完成之后保持投篮动作**

急停跳投练习

下一步就是当你在运球投篮的时候，将你所学的技能（原地跳投和两步急停接球然后进行中距离跳投）融入训练中。其中一项技能称为急停跳投。当你从原地跳投变成急停跳投时，你需要把运球当作传球，将球传给自己。要想成功做到这一步，你必须了解运球的一些关键要素。首先，你在运球时不要想着永远不让球离开你的身边；相反，要在你的身体前面运球，这样它就能引导你去投篮，就好像别人给你传了一个好球，然后让你将球投进一样。其次，你要能灵活用任意一只手运球，并且能够以任意一只脚为中枢脚向任意一个方向移动。

对于急停跳投来说，你把球运到前面，然后用活动脚向前大踏一步（见图5.5）。我说的活动脚是指非中枢脚，这样就可以让你使用之前的两步急停步法来实现行进间投篮。此外，活动脚的大幅度跨步可以使你的重心降低并且突破防守球员。但是你要记住，不能直接向下运球，否则你不可避免地会把球

图5.5 投手向前踏一步进行急停跳投

运到脚上。把球运出去，并突破防守球员。如果你是一个惯用右手的投手，同时你正在带球向右移动，则这时你应该用两只手将球控住并放进你的投篮区，接着向右做你的投篮动作。如果你是一个惯用右手的投手，你正在带球向左移动，这时如果你尝试用双手将球控住，那么你将失去平衡。这是因为你的投篮臂从你的身体前面穿过，从而导致你的投篮线发生偏离。相反，如果你用右手运球，接着将球换到你的左手，再把球传到你的投篮手上，这叫作上膛，因为你把篮球"装到"你的投篮手上了。球传到你的辅助手中后，用这种方法将球再传回投篮手是急停跳投最为重要的一部分。因为它能将投篮一侧的身体保持在投篮线上。当将球传到投篮手中时，你必须将投篮手肘收拢，并与投篮目标保持在一条直线上，即你的投篮线。当你这样做的时候，你会发现你的身体在向前移动而不是向后或者向另一侧移动，这正是急停跳投时所寻求的平衡状态。

要练习急停跳投，得先从以下两个练习开始。

▶ **单手运球急停跳投练习。** 以右脚为中枢脚开始，在急停跳投之前运球向右移动；接着回到起点，向左大力运球，仍然把右脚作为中枢脚，然后急停跳投。这样做 20 次，左右方向各重复训练 10 次，然后把左脚作为中枢脚重复进行训练。

▶ **变向运球急停跳投练习。** 变向运球练习的原理和重复次数与单手运球练习相同，但是它可以使你拥有更好的投篮机会，投篮距离更近。用不同的中枢脚再做一次变向运球练习。

急停跳投是行进间跳投的入门内容。我们将在第 8 章深入讨论行进间跳投。

中距离跳投练习

你需要花费大量的时间和精力去练习中距离跳投。两步急停、原地跳投等只是我最喜欢的训练项目中的几个。这些训练很简单但却十分有效。请记住我们在本章中讲述的两步急停的基本技巧。所有的训练都是为了让你在使用这种步法时让投篮命中率更高。不管你是一个人练习，或者是和搭档组队练习，还是和整支球队一起练习，你都不应该忽视对实用技能的学习。记住，技能决定训练内容。

关于中距离跳投练习需要注意的最后一点是：你可以将假动作添加进来。例如，周一，在击地自传练习中，练习两步急停和原地中距离投篮；周二，进行同样的训练，但增加一个投篮假动作；周三，增加一个试探步；周四，在试探之后接着做投篮假动作，然后投篮。第8章介绍了球员做试探步和投篮假动作的正确技巧。关键是当你正在训练时，无论你是自己单独训练还是和搭档一起训练，训练的过程都不会十分无聊，因为需要练习的技能实在是太多了。在基础的中距离跳投训练中，同一个投篮技能可以衍生出各种不同的变招，如果你能将其掌握，那么就会让对方的防守球员叫苦不迭，而对方教练也会抓耳挠腮，想不出让他们队的球员终结你的进攻的对策。

击地自传练习

这项训练是可以让你在一个人的情况下仍然可以在接球之后投篮的模拟训练。刚开始的时候你要保持身体平衡，然后让球向自己所在的方向旋转，这样球就会从地面反弹到你的投篮区。将球旋转，传给自己，然后向前跨两步进行急停跳投。随后你要保持你的投篮姿势，直到球落地，强化并将这个投篮习惯牢记于心。许多球员习惯在保持投篮姿势的过程中放下辅助手或双手。如果你在练习中迅速将手放下，那么你就会在比赛中把手放下得更快。

在将球击地传给自己的时候，不要让球超过你的腰部位置。开始时降低重心接球，并且在你投篮之前都要保持低位。如果你将球击地传给自己的时候接球位置低，那么你将不会做"高—低—高"模式的投篮动作；反之，如果你做了这种投篮动作，那么你在接球之后首先要将球放低，从而形成一个反向动作，防守球员可以用一只手来拦截你的球，并且也有更多的时间去封盖你的投篮。

在同一个位置上进行 10 次这种训练。记录球员在 7 个不同位置的投篮次数以及进球次数。在所制定的任何训练计划中，球员都是先从靠近篮筐的位置进行训练。如果你觉得你的中距离跳投技术练得很好了，那么就从投篮 10 次变成投进 10 球。如果觉得投进 10 球有难度，那就先从投进 5 球开始，然后通过努力训练逐渐增加进球次数。我想让你懂得一个道理，一个优秀的投手在进行投篮训练时，他们追求的是进球次数而非投球次数。另一种训练方法是在 7 个位置连续投一定数量的球，看看每个点你能连续进几球。将这两种方法结合起来进行训练并且让自己保持竞争性和创造性。

两人投篮练习

在这项训练中，球员要互相组队。你可以两人一组共用一个篮筐进行训练，也可以加入整个球队轮流使用多个篮筐进行训练。一名球员当投手，摆出一个平稳的投篮姿势。投手要球，另一名球员从篮下传球。投手使用两步急停步法，看到球后便将球接住，瞄准篮筐，然后投篮。投手在接球时要尽量保持身体平衡，然后平稳地将球投出，将球投出之后仍然保持投篮姿势。投手在靠近篮筐的 7 个位置进行投篮。球员也可以击地自传，然后用相同的方式进行投篮，可以以投进或连续投一定数量的球为目标。球员之间可以轮流投篮，投失的球可以用辅助手上篮将其补进。这里要着重强调的是，投手应该使用正确的基本投篮技术，同时传球者应该将球传好。如果你从来不练习传球，那么你在比赛中就永远也不会传球。

扑防投篮练习

这项训练与两人投篮练习相似，不同之处在于，在这项训练中，传球者在传球后会上前对投手进行扑防。正确的扑防是传球者从篮下直接冲刺到投手面前，然后用小碎步进行调整，找到一个合适的防守位置，同时用手阻挡投手投篮。传球者增加扑防练习，可以让球员不必先从高处接球，然后再降至低位。如前所述，"先高后低，然后再高"可以让防守球员有更多的时间将你的投篮封盖，甚至让你无法投篮。你要时刻想着"低—高"的投篮动作，因为这样你就能高效率地进行投篮。就像你和搭档一起投篮一样，从篮筐周围的 7 个位置进行扑防训练。此外，你可以在一个点连续投进几球之后，去下一个点接着投，如此训练下去；也可以和搭档轮流交替进行训练。

三角传球投篮练习

　　将球员进行分组，1 组至少 7 人。1 个训练小组包括 1 个篮板球员、3 个或 3 个以上的传球者（都有球），以及 3 个或 3 个以上的投手。球员们排成三角形（见图 5.6），篮板球员（如图 5.6 中的 R 所示）在篮圈下，传球者（如图 5.6 中的 P 所示）在三分线的圆弧处，投手（如图 5.6 中的 S 所示）在底线上。传球队列的第 1 个传球者将球传到投手的投篮区。投篮队列的第 1 个投手站在准备投篮的位置，要球，然后两步急停接球跳投，并保持投篮姿势。篮板球员从篮下拿到球，不管球进与否，篮板球员都尽量不要让球落地。抢到球后，篮板球员用辅助手运球到传球队列的位置，并站在传球队列的最

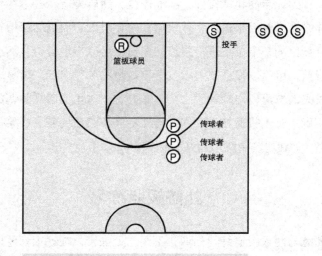

图 5.6　三角传球

后。而第 1 个传球者则跑到投篮队列的最后，同时第 1 个投手跑到篮筐下成为下一个篮板球员。

这是一个连续训练，可以让一组球员在短时间内进行多次重复练习。你也可以略做调整，从底线进行传球，而在三分线圆弧处进行投篮。但是三角传球练习一定要确保在球场的两边都进行。我特别喜欢这个练习，因为三角传球更像是一个游戏。在击地自传或两人投篮练习中，球是从篮下传过来的，这是进行两步急停原地跳投的理想路线。然而在比赛中，球往往是从不同的角度传过来的。这项练习可以让球员在使用两步急停技巧时模拟那些传球。通过以下方式可以保持训练的竞争性：球队必须投进一定数量的球，或者让球员记录自己的个人进球数，失败的人要接受短跑冲刺的惩罚。许多教练喜欢计时 2 分钟，让球员绕着 4 个位置进行短跑——2 个底角以及三分线的 2 个圆弧处。

行进间跳投练习

这个练习会教球员如何从短跑过渡到平稳跳投。将球员分组，每组至少 7 人。每个训练小组包括 1 个篮板球员、3 个或 3 个以上持球的传球者，以及 3 个或 3 个以上的投手。投手从中场的中线或边线位置开始，传球者在球场同一侧的角落列队。首先，投篮队列的第 1 个投手在两步急停跳投之前，先跨大步，然后迈小步。投手要球很重要，尤其是现在他正在高速移动。当投手要球时，传球者将球传给投手，在投手跨两步准备跳投时，传球者试图上前将其拦下。投手接球后投篮。篮板球员尽量不让球落到地板上，拿到球后，运球到传球者所在的角落。现在第 1 个投手跑到篮筐下成了篮板球员，传球者跑到投篮队列的最后。当一组球员进行这个练习时，可以通过比较总进球数来使这项训练具有竞争性，或者让球员根据个人进球数来相互比赛；也可以给这次训练增加一个时限。

急停跳投练习

这个练习可以帮助球员提高其在运球后进行急停跳投的能力。该练习可以单独完成，也可以与整支球队一起完成。球员们要么在半场开始，要么在全场开始，并在场上快速运球。球员在距离篮筐 3.6 米 ~ 4.5 米的位置急停跳投。左手、右手各做 10 次训练。全场训练时，投手用右手将球运到底线，然后用左手将球运回起点。水平更高的球员在急停跳投之前可以使用不同类型的运球动作，包括胯下运球或单手体前变向运球。

　　第 6 章将会带你增加你的投篮射程，着眼于三分线外。要想成为一个全面的投手，理解如何投三分球以及中距离跳投对于远距离投篮的意义至关重要。但是太多的球员往往喜欢远距离跳投，而忽略了提高中距离跳投的技术。不要让这种事情发生在你身上。当你继续阅读这本书的时候，你会发现我们培养的不仅仅是一个优秀的投手，而且还是一个优秀的得分手。在篮球史上，从来没有一个真正优秀的得分手不具备中距离连续跳投得分的能力。完善你的中距离跳投技术吧，这是从投手发展成得分手的基础。

远距离跳投

远距离跳投，或者说投三分球，如今已经成为比赛的重要组成部分。几乎每个人都觉得自己可以投三分球。一些教练则完全依赖于球员所投的三分球，并且会用三分球来决定比赛的输赢，但是他们往往会因为投三分球而输掉比赛。想让球队在整个赛季都投三分球并且完全依靠它得分，这是十分困难的。球员们从第 1 次进到球场时就喜欢投三分球。不是每个人都可以扣篮，但是几乎所有人（从小个子到 2.1 米的高个子）都可以投三分球。

在你投三分球之前，你必须先学会投两分球。我们在第 5 章中证实了这一点。很多父母、教练和球员对三分球都十分关注。似乎球员的年龄越小，反而想让他们投得越远。在增加你的投篮射程之前，你要先学会定点投篮。球员们在远距离投篮时遇到的另一个问题是，高中和大学的三分线离篮圈太近，这让他们相信自己可以投三分球，而实际上他们根本做不到。球员们首先需要知道他们投的是几分球，然后再去投篮。许多球员认为他们是三分投手，但他们竟然在距离篮圈 4.5 米的位置、视野开阔且无人防守的情况下都不能将球投进。

既然投三分球已经成为所有人的进攻手段中的重要组成部分，那么我们就不能忽略它对比赛的影响。一些教练认为，如果球员投三分球的命中率为 33%，那就相当于投两分球的命中率为 50%。球员会投很多的三分球，仅仅是因为三分球得分高，价值大。问题是许多球员开始就投三分球并且只投三分球。我们应该庆幸没有四分线，因为如果有，球员们可能会从更远的地方投篮。如果你在美国职业篮球联赛的球场上看到一些年轻的球员时，你会发现他们仅仅尝试从内线投篮，然而并不是因为这在他们投篮的射程之内。他们在内线投篮只是因为职业球员是在这个位置投篮的，谁不想成为职业球员呢？

对于年轻球员中的大多数人来说，他们投三分球时会拼尽全力。当这些球员投三分球的时候，他们学习的投篮姿势和投篮技巧都是不正确的。一些篮球娱乐项目不允许投三分球，这对年轻球员来说有好处，因为这迫使他们在自己的投篮射程内投球，因为即使在很远的距离投球也没有任何奖励。这时他们就会发现自己正在学习正确的投篮姿势和投篮技巧。不同年龄段的球员的水平不同，三分线的距离也不相同：高中的三分线距离篮圈 6.1 米；现在大学的三分线距离篮圈 6.3 米；国际比赛的三分线距离篮圈 6.8 米；美国职业篮球联赛的底角三分线距离篮圈 6.7 米，三分线弧顶距离篮圈 7.2 米。

　　父母、球员和教练经常问我们，球员们应该在什么时候开始练习投三分球。其实这完全取决于球员个人。一些球员的身体在很小的时候就发育成熟，并且比其他球员更有力量，所以他们能更快地开始投三分球。如果一个球员在投三分球和两分球时的投篮姿势不一样，那么就不建议该球员现在开始投三分球。当球员长大、变得更加强壮，可以用相同的投篮姿势进行投篮时，那么这个时候该球员就可以开始投三分球了。

远距离跳投技巧

　　要想对外线真正构成威胁，那么你必须熟练地使用不同的步法去接球和投球。有两种核心步法需要掌握：一种是常规的原地两步急停步法；另一种是移动步法，该步法是以你的内侧脚为中枢脚，朝向投篮目标移动。

原地远距离跳投练习

　　在进行原地远距离跳投时，使用传统的两步急停步法。首先用你的非投篮脚向前跨一大步，接着用投篮脚向前迈一小步，然后接球起跳并将球投出。很多投三分球的机会是由内线传球到外线创造的。因此训练这项技能至关重要。

　　让我们先说明一下，远距离跳投的规则与第5章讨论的中距离跳投的规则没有什么不同。远距离跳投也要确保你的站姿是正确的，双脚分开至与肩同宽，同时要保证你的持球姿势正确，并且要从你的投篮区进行投篮。投篮之后仍要保持投篮姿势，投篮臂的手肘在眉毛上方，并且瞄准篮圈中心。这些规则永远不会改变，而这就是投篮的美妙之处。在远距离跳投时，你要关注的是，你与篮圈的距离。

　　由于三分球的距离较远，大部分球员必须向前迈一步才能获得动力，从而将球投出。你应该在接球之前就做好生理准备和心理准备。你也应该留出空间，或者站在离三分线1米～1.5米的后方，这样你就能向前两步急停并投篮了，而且能产生从那个距离进行投篮所需的能量。

　　通过向前两步急停的方式投篮，你的双腿就会逐渐习惯从三分线外投篮，这一点至关重要。人体最强壮、最有力的肌肉是腿部肌肉，所以在投篮过程中要充分利用好腿部的力量。投篮距离越远，两步急停的跨度就应该越大。

在两步急停之后进行原地跳投三分球时，惯用右手投篮的球员应该先迈左脚再迈右脚（见图 6.1）；惯用左手投篮的球员应该先迈右脚再迈左脚。通过这样的练习，你可以保证自己总是用投篮脚发力去投球，同时从这个距离投篮命中所需的动力和爆发力也会增加。如果你先迈出投篮脚，那么你就不能用投篮脚发力去投球，也不会产生所需的动力和爆发力。

如果你是一个惯用右手投篮的投手，当你的左脚落地时，球应该在你的投篮区内。记得先让脚后跟着地，然后才是脚趾着地。当你的脚后跟和脚趾依次着地时，你的身体重心就会向前转移到投篮区内上方。你越年轻，这一点就越重要：投篮要用投篮脚发力从而产生全身的动力和爆发力。在接球时一定要迈大步，步子迈得越大，你就会产生越多的力量。接球时要有侵略性，如果迈大步，那么你的身体重心就会降低，并且可以减少任何反向或者消极的投篮动作，从而加快出手速度。要时刻记得从低位到高位进行投篮。"高—低—高"的投篮模式或者投篮时有向下的动作，都会使你的出手速度变慢，给防守球员留出时间来将你的投篮封盖。

图 6.1 一个惯用右手投篮的投手在两步急停接球后，原地跳投三分球

　　你从投篮区将球举起之后再将其投出，并保持投篮姿势，确保你的手肘在球的下方。记住，你想要成为的是一名投手，而不是抛球手或推球手。球员通常通过改变他们投篮手肘的弯曲程度去适应三分球增加的距离。不管投篮的距离有多远，你投篮的一系列动作要永远保持一致。当你投篮时，你要想着投空心球，并且将球投出之后保持投篮姿势。记住，投篮的距离越远，球碰到篮圈后反弹的距离就越远。所以当你投篮并保持投篮姿势的时候，你就有机会抢到一个长篮板球；如果队友抢到你投的球，他就会给你一记长传；如果防守球员抢到了篮板球，那么你的站位可以很好地进行回防。你应该在投篮后仍保持投篮姿势，然后对投篮结果做出反应。

　　保持投篮姿势，直到球穿过篮网。当你的投篮姿势固定时，你就可以更好地投篮并保持投篮姿势。如果你不保持投篮姿势，那么你的双脚很可能失去平衡。作为一名教练，当我看到有些球员不保持投篮姿势时，我便会知道，他们在一开始就没有完全集中精力去投空心球。如果你的手在动，那么你的脚也很有可能在动，你的身体就很有可能失去平衡。如果你不能以一个平稳的姿态去接球，然后准备投篮，那么你就不要去尝试远距离跳投。

　　一旦你掌握了在原地接球后投三分球的技巧，你就应该学习在停止运球时进行跳投的技巧，也就是所谓的急停跳投。无论你是用左手还是右手运球，两步急停步法都会保持不变：如果你惯用右手投篮，先迈左脚，再迈右脚；如果你惯用左手投篮，先迈右脚，再迈左脚。主要区别在于你如何将球拿起：如果你用惯用手运球，那么你会用两只手把球拿起并放到投篮区（见图 6.2）；然而请注意，当你用非惯用手运球时，需要让非惯用手从你的身体前面穿过，然后举起球准备投篮（见图 6.3）。

　　你应该练习急停跳投三分，但是你也不可能在赛场上经常投进这种球。一般在快攻结束时能看到这种投篮方式，能让进攻方在人数上占优势，但与高命中率的带球上篮相比却没有绝对的把握将球命中。这个时候，你可以选择原地投篮或急停跳投三分。即便是在这种情况下，你的教练也可能会建议你不要勉强自己去投那种球，而是要找机会强切篮下。所以要保证你和你的教练及时沟通，这样不仅可以使你理解进好球和投坏球之间的区别，知道你的球队需要投进什么样的球，而且还可以让你和你的队友齐心协力完成比赛。

图 6.2　用惯用手运球，拿球投三分

图 6.3　用非惯用手运球，拿球投三分

行进间远距离跳投练习

行进间远距离跳投是指球员从左向右或从右向左跑动，然后做好投篮准备，将球投入篮圈。第 9 章将更详细地介绍行进间掩护投篮，但是首先要理解本章讨论的基本投篮技术，这至关重要。因为在行进间进行远距离三分投篮十分有效。许多教练都给优秀的投手安排了交叉掩护，这样投手就可以朝球的方向行进，同时投手在跑到三分线外之前已经接球，并面向篮圈，做出投篮的动作。

一旦你掌握了原地投篮、接球投三分和急停跳投三分这 3 项投篮技能，你就应该去提高行进间远距离跳投的能力。行进间远距离跳投练习既包括接球投篮训练也包括急停跳投训练。第 1 次练习行进间远距离跳投时，对于惯用右手的球员来说，若你待在三分线外，则从左向右朝着传球者的方向跑动，击地将球传给自己或者让队友传球给你，如果你惯用左手，那么就从右向左移动。从投篮姿势开始，双脚分开至与肩同宽，膝盖弯曲，肩部和头部向下，双手准备，形成投篮区。球飞过来时，接住它。当你准备好接球时，左脚朝球迈一大步，但左脚张开之后要朝向投篮目标（见图 6.4a）。脚后跟到脚趾着地的先后顺序至关重要，因为你必须能够转身面对篮圈投篮。如果你的脚水平着地，那么你的投篮速度会很慢，而且你可能无法与投篮目标保持在一条直线上。

一旦你接住球，你的投篮脚必须发力，以帮助你将球投出，图中投篮脚是右脚（见图 6.4b 和图 6.4c）。右脚应该与篮圈中心保持在一条直线上。步子不要迈得太大，否则你将不能为自己奠定一个良好的投篮基础，而且你会发现你的身体将失去平衡。此外如果步子迈得太大，你会偏离你的投篮线，从而让你的投球偏向篮圈的左边或者右边。

当投篮脚向地板发力时，你就可以进行急停跳投三分了（见图 6.4d）。就像原地投篮一样，先将你的身体伸直，以便投篮。肩部和头部直立向上，这样你就可以看到投篮目标。在跳到最高点之前将球投出，这样就可以使你的爆发力发挥到最大，这是投三分球的基本方法。投篮的惯性会迫使你稍稍向投篮目标靠近，但你不要随着投篮的惯性漂移。接球前采用低位，这样你的身体重心就会降低，投出的球也会更好，因为从接球、起跳直到投篮结束，你的身体一直保持着平衡。

图 6.4 惯用右手投篮的投手在行进间接球之后，跳投三分

惯用右手投篮的投手从右向左跑动时所需的投篮技巧与从左向右跑动时所需的投篮技巧略微有所不同。投手必须降低身体重心，保持平衡，而惯用右手投篮的投手需要用右脚发力，将球投出。当投手准备投篮时，身体右侧可能会出现无力的情况。训练方法与之前相同：做好投篮姿势，头部和肩部向下，双手准备好，迈步去接球。当投手准备接球时，他将右脚大步向前迈（见图 6.5a）。脚后跟到脚趾的着地顺序与之前一致。投手的右脚和右肩张开，朝向投篮目标，右脚现在成了中枢脚，它应该指向投篮目标。现在投手必须"截"住左脚，这样投篮的姿势与其他所有的投篮姿势一样（见图 6.5b）。这种技巧是惯用右手的球员从右向左移动和惯用左手的球员从左向右移动时进行行进间远距离跳投的主要区别。

图 6.5 一名惯用右手投篮的投手在从右向左投三分球时要用脚趾发力并"截"住左脚

　　一旦双脚放到指定位置，做好投篮准备，投手就必须从低位到高位逐渐将篮球举起，并跳到空中将球投出（见图6.5c）。请注意，如果球员未能将脚趾"截"住，则会使左脚的位置靠得太前，身体的左侧就会变成主导侧，投手在投篮的时候将被迫转动身体或者使投篮姿势发生变形。当这种情况发生时，投篮线将发生偏移从而导致投球不中，球偏向篮圈的左边或者右边。

　　下一步要学习的是行进间急停跳投三分。如果你在运球之后进行原地投篮有困难，那么当你从一边运球到另一边进行急停跳投时，你会觉得更加困难。一旦你觉得原地投篮练好了并且掌握了步法，那么你就可以练习行进间运球投篮。行进间运球投篮和行进间接球投篮所用的步法是一样的，如果你是一个惯用右手投篮的投手，当你从左向右移动时，你会用你的外手（也就是右手）运球，然后将你的内侧脚也就是左脚摆正并朝向投篮目标（见图6.6a和图6.6b）。准备投篮时，你的左脚的脚后跟到脚趾必须先后着地，这样才能使你的左侧身体伸展开。这种脚后跟到脚趾先后着地的步法可以让你在准备投篮时，将左脚朝向投篮目标，并将你的左臀和左肩也伸展开。以这样的方式伸展身体可以给你提供良好的视野，可以让你观察整个球场的情况并预测投球是否会受到附近防守球员的封盖。

图6.6 惯用右手投篮的投手行进间转身跳投三分

现在你的左脚位置已经摆好，然后将右脚对准投篮线（见图6.6c）。当右脚也来到投篮线上时，球应该从地板上弹起，并进入球员的投篮区。身体重心一定要低。右脚的脚趾应该指向篮圈中心。臀部、肩部、球和手肘也应该与篮圈中心对齐。请注意，惯用左手投篮的投手也使用和刚才一样的投篮方法，除了在拿起球时要将球传到左手后再举球准备投篮。此外，惯用左手投篮的投手为了让左脚保持在前，会把右脚"截"住，使右脚相对靠后。当惯用右手投篮的投手从右向左移动，进行三分投篮时，他们会像惯用左手投篮的球员从左向右移动时一样，将脚"截"住，然后举球准备投篮。运最后一下球的时候要大力一些，这会让你跳得更高，投篮速度也更快。运球力度越大，你的投篮速度就会越快，起跳就会越高——这是三分投篮的必备条件。

实战远距离跳投练习

大多数教练喜欢在投三分球前先让内线球员拿球，这叫作内—外分球。有些教练喜欢让球员横传球然后投三分球，或者让球员将球运到三分线外之后向前迈两步，接着投三分球。有些教练则喜欢让球员运球到三分线上急停跳投。球员在三分线上准备接球时，必须会向左或向右滑步（见图6.7）。

图 6.7　球员在三分线上准备接球时向右滑步

　　滑步与防守步法一致，是一项很难掌握的技术，因为你不是在向篮圈移动。当你向篮圈跑动接球并投篮时，你投三分球是最容易的，因为你全部的力量都用在投篮上了。这种三分球常见于横传球、内一外分球，以及内线突破后向外分球。

　　最困难的三分球是，你在投球的时候，身体偏离篮圈移动或者用滑步接球急停跳投。这是因为你不再有向前的冲力了。虽然我不建议在实战中大量地去投这样的球，但还是有必要去练习的。如果你参加的比赛在投篮方面有时间限制，那么你就没有时间耐心地朝着篮圈两步急停跳投，将球完美投出。你必须练习并准备投不同类型的三分球。

　　当你在练习原地、急停、行进间远距离跳投时，你也可以将假动作加入滑步三分投篮。在投三分球之前先练习投篮假动作，或在重新调整好投篮姿势之前，做出一个突破篮下的假动作。假装投篮，运球向左移动，然后急停跳投。滑步运球向右，做同样的动作。尽管组合动作是多种多样的，但你还是应该让自己学习多种投篮技术，这样当计时器上的数字快停止的时候，你就可以去投篮了。

远距离跳投练习

　　远距离三分跳投练习没有什么特别之处，它只是迄今为止练习过的所有投篮技巧的延伸。唯一的区别是，你现在要把你的投篮射程增加到三分线外。优秀的球员会不断地提高他们的技能，直到他们几乎无人可挡。然而请记住，在你开始远距离跳投练习之前，你要先能稳定地进行中距离跳投。

　　开始练习远距离跳投的一个好方法是使用单手投篮和双手投篮。一开始练习时要靠近篮圈，无论是有辅助手加入还是没有辅助手加入，你都要保持与投篮线对齐。投进 5 球之后，后撤 1 步，再投 5 球并后撤 1 步，直到你的投篮练习变成远距离跳投。完成之后，如果你是单独练习，那么就开始进行一系列击地自传的投篮练习，或者如果你和队友在一起，那么就开始两人投篮练习。从三分线周围的 7 个位置开始练习原地投篮、接球投篮。你可以在每个位置投一定数量的球，看看能进多少球，然后将其绘制成图表；或者你可以在移动到下一个位置之前，连续投一定数量的球，看看能连进几球。另一种投篮练习的方法是，使用"投失 3 球"淘汰法。这意味着在进入下一个位置投篮之前，你给自己 3 次投球不中的机会。

　　我强调了很多遍，无论你选择什么样的练习方式，记录每个投篮点的进球数都十分重要。记录你的进球数可以为你提供有价值的信息，你在哪些位置投篮的命中率高以及你在什么位置需要改进。你对自己的天赋了解得越多，你在比赛中就越有效率。你可以进行这些练习，并将多种远距离跳投方法混合使用。也许有一天你会先练习原地三分投篮、接球投三分，然后在第 2 天练习急停跳投三分。

　　当你掌握了单手和双手投篮练习的技巧后，你可以开始将这些技巧融入行进间远距离三分跳投。正如我们之前简明扼要地讨论过中距离跳投一样，你也可以将假动作加入远距离跳投中。在起跳投篮之前，你可以做一个投篮假动作或急停使对方的防守球员失去平衡，或者拉开身位。运用各种假动作的基本技巧将在第 8 章中详细介绍。

　　三分投篮可能是仅次于精彩扣篮的得分方式。记住，不是每个人都能扣篮，但是几乎所有人都能投三分球。然而你能投三分球并不意味着你能一直投进三分球。但这并不是说，你就不用去练习远距离跳投了。要记住的重要一点是，你并不想成为一个有短板的球员。如果你的全部时间都用来练习投三分球，那么你就只能投三分球。如果一个防守球员将你的三分球全部防住的话，你要怎么做？不要迷恋三分球，不要只想着让它成为你比赛的焦点。你要像对待其他投篮方法或得分技巧一样来对待它：三分球只是你很多得分方式中的一种。

第 7 章

擦板投篮

将球投到篮板或玻璃框上反弹落进篮圈的投篮方式，称为擦板投篮。有趣的是，现在很少有球员在投篮的时候会利用篮板，但是在上篮的时候则会经常擦板，这是因为他们认为上篮擦板看起来很酷。那么为什么很少有球员在投篮时利用篮板呢？因为利用篮板投篮不怎么精彩。擦板投篮的命中率很高，适合教授给初学者，但是训练到某个阶段的时候，教练就不会再教擦板投篮了，球员自然也就不用它了。

许多球员在投篮时会利用篮板：萨姆·琼斯（Sam Jones）、埃尔金·贝勒（Elgin Baylor）、乔·乔·怀特（Jo Jo White）、埃尔文·海耶斯（Elvin Hayes）、乔治·格文（George Gervin）、鲁迪·汤姆贾诺维奇（Rudy Tomjanovich）、拉里·伯德（Larry Bird）、魔术师约翰逊（Magic Johnson）、朱利叶斯·欧文（Julius Erving）、比尔·布拉德利（Bill Bradley）、斯科蒂·皮蓬（Scottie Pippen）、比尔·沃尔顿（Bill Walton）。在20世纪90年代之前，擦板投篮技术还被广泛使用。但是在现在的比赛中，只有少数球员使用擦板投篮技术。联盟中最好的擦板投手是蒂姆·邓肯（Tim Duncan）（已退役），沙克（Shaq）称他为"基本功大师"。蒂姆·邓肯缺乏美国职业篮球联赛级别的运动天赋，但他用扎实而全面的篮球基本功将其弥补，且擦板投篮成了他进攻得分的关键手段。德怀恩·韦德（Dwyane Wade）和科比·布莱恩特（Kobe Bryant）有时也会使用擦板投篮技术。即便如此，使用擦板投篮技术的球员也并不多见，这使擦板投篮技术和勾手投篮技术一样少有人问津。

如果你想在大学比赛中看到一些精彩的擦板投篮，那么就自己去找一找，欣赏一下20世纪60年代和70年代的传奇投手约翰·伍登（John Wooden）在加州大学洛杉矶分校球队时的比赛录像。他在使用擦板投篮技术方面非常成功。不仅约翰·伍登所在的加州大学洛杉矶分校球队赢得的冠军比美国大学体育协会联赛历史上任何一支球队都多，而且约翰·伍登也被认为是有史以来最伟大的大学篮球教练。约翰·伍登所在的球队的所有球员都会擦板投篮技术，因为他们每天会花费大量时间来练习这种投篮技术。约翰·伍登会让球员进行无人防守二人组上篮训练：一名球员先持球站在球场中间，另一名球员在球场空地跑动，从侧面带球上篮；接着他会将投篮方式变成急停打板跳投；最后增加投篮距离，用更传统的急停擦板投篮方式进行投篮。我对你的要求是，到本章结束时你不仅要学会如何进行命中率较高的擦板投篮，而且你有必要把它作为你投篮练习的一部分。让我们再次将擦板投篮发扬光大。我喜欢把它看成一种时尚，而时尚变来变去，但最终都会回归到它本来的样子。没有任何理由可以阻止擦板投篮重新盛行。

擦板投篮技巧

就技巧而言，擦板投篮类似于跳投；然而二者也有一些不同，例如投篮目标和投篮角度。其他像站姿、手臂位置，如何接球、投篮以及保持投篮姿势都是一样的。让我们更详细地看一下这些内容。

目标、角度和距离

对于擦板投篮而言，你不能像跳投那样瞄准篮筐中心，而是要瞄准篮板上画的小长方形的顶部，瞄准离你最近的顶角（见图 7.1）。如果你瞄准了这个目标，球会击中篮板并落入篮网中，就这么简单。如果不考虑投篮的技巧、时机或者投篮姿势的保持，则擦板投篮在定位投篮目标上是非常容易的，但是却没有得到大范围使用，这就有些奇怪了。当然如果篮板上没有小长方形

图 7.1　对于擦板投篮而言，你不能像跳投那样瞄准篮筐中心，而是要瞄准篮板上画的小长方形的顶部，瞄准离你最近的顶角

图案，那么擦板投篮就会变得困难，但是我还没有碰到过现代篮球场中的篮板上没有那个小长方形的情况。你应该把注意力集中在这个目标上，就像传统的跳投一样，你永远不应该把视线从目标上移开。无论你用哪种方式投篮，将你的注意力放到篮球的整个飞行轨迹上都是错误的，因为这样你就没有精力去关注你的投篮目标了。

许多球员在考虑是否使用篮板时，都有这样一些问题：在什么时候以及在什么位置使用擦板投篮技术呢？什么是一个好的擦板角度呢？球场上的什么位置距离篮圈太远而不能使用擦板投篮技术呢？一些球员认为，当他们在擦板投篮时，他们必须将球投得又高又远。这是一个很常见的误区。通过练习，你最终会提高擦板投篮的手感。不管离篮圈多远，投篮技巧都是一样的。判断什么时候投擦板球、什么时候不投擦板球的关键是要知道你在球场上相对于篮圈的角度。

擦板投篮的规则是，当你与篮圈呈 45° 角时，你要在离篮圈 4.5 米的位置使用擦板投篮技术。你与篮板是否呈 45° 角，决定了你是否使用擦板投篮技术，而球场上也有一个使用擦板投篮技术的标志，那就是内线区。擦板投篮的理想角度是在内线区之上 4.5 米的位置，或者如果沿着内线区的分界线来算的话，罚球线也可能是擦板投篮的理想角度（见图 7.2）。当你在内线区之下，与底线持平并有一定的角度的位置时，擦板投篮就会变得更加困难，此时你应该避免使用擦板投篮技术。在任何距离篮圈超过 4.5 米的位置进行擦板投篮都需要球员拥有高超的投篮技巧和极佳的手感。蒂姆·邓肯是个例外，他的手感出众，可以从更远的位置和更刁钻的角度进行擦板投篮。但他能做到这一点的原因是，他已经努力让擦板投篮成为他比赛中不可或缺的一部分。掌握擦板投篮技术是有可能的，但这需要花费很多时间去练习。在尝试练习其他角度和距离的擦板投篮技术之前，要先专注于练习 45° 角、距离篮圈 4.5 米的最佳擦板投篮技术。

一般来说，当球员处在一个投擦板球的绝佳位置时，他们会立马思考自己是否应该擦板投篮。犹豫不决的习惯总是会让你投不

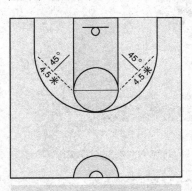

图 7.2　擦板投篮的理想角度

急停擦板跳投

当你进行急停擦板投篮时，你必须先将球运到某个位置，然后再将球正确地拿起。回想一下第5章的内容，当你运球到惯用手的那一侧时，你用双手将球拿起，放进投篮区；当你运球到非惯用手的那一侧时，你需要将球换到你的惯用手上，然后把球放进投篮区。

从三分线后进行练习，并结合一些基本的技巧。例如，先做一个投篮假动作，然后向前突破（在第8章中会详细介绍），最后完成擦板投篮。这可以节省你的练习时间。重点是，不仅要从球场的两边进行擦板投篮练习，还要从篮圈两侧向你的左右方向移动来进行擦板投篮练习。你永远不知道防守球员会如何接近你，所以你必须做好充分的准备，做到可以从任何一个方向突破防守球员。举例来说，有时候队友给你的挡拆掩护很好，导致防守球员的防守位置不佳，虽然他想让你带球从左边过去，但却被迫在你擅长的左侧协防。有些调查报告上已经告诉了防守球员应该在哪一侧协防，但是那些防守能力较差的球员就是记不住；还有一些防守能力特别差的球员甚至不知道对方的惯用手是左手还是右手。不管怎样，重要的是你应该在球场两侧练习运球跑动，只有这样你才可以在任何情况下都能突破这些防守球员。

你在做投篮假动作的时候，要保持投篮姿势，将球举到头顶时，双脚保持不动。防守球员双脚移动时就是你过人的最佳时机了。将球运到身体前面，然后两步急停或者跳步。没错，我说的是跳步。跳步时，要确保双脚同时着地，双脚分开至与肩同宽，投篮脚稍微向前，膝盖弯曲（见图7.3）。请注意，你落地的时候仍然要保持投篮姿势。在这种情况下使用跳步可以防止你向前突破过度而造成进攻犯规。在防守球员较多的位置进攻时，跳步是一种有效的技术。通常情况下，球员在跳投时会选择打板投篮，因为很难保证在行进过程中一直瞄准篮圈。因此，完全控制住身体的平衡是至关重要的。我建议你在两种情况下使用跳步，这是其中一种，另一种是在你背对篮圈接球时，你的站位不适合进行侵略性的进攻的情况下。

图7.3 **在进行擦板投篮时，进行跳步急停**

中，因为投出的球距离太短而且高度不够。先投篮，不要犹豫。如果你不投篮，结果永远是一样的，你甚至连投失的机会都没有。为了在进行擦板投篮时更加自信，想象一下这个场景，球正中长方形的顶角，擦板落下，然后空心入网。正如你在第2章学到的，要想投篮成功，想象也很重要。为了培养自己对擦板投篮的信心，你必须将擦板投篮运用到实际中去。如果你知道擦板投篮很重要，并把它作为你日常训练的一部分，那么你最终将能够自信地进行擦板投篮。

擦板投篮训练

了解了一个新的进攻技术之后，现在是时候练习擦板投篮了。以下练习是你在个人练习或者团队练习中可以且应该做的。回想一下，约翰·伍登每天让球员花费大量时间进行擦板投篮练习。他是谁？哦，没错，他是一个传奇式的教练，他的球队在美国大学体育协会联赛历史上赢得了最多的冠军。相信我，擦板投篮在为数不多的冠军球队中占有一席之地。

擦板投篮练习

　　这项练习与第 3 章中单手和双手投篮练习使用的方法基本相同。唯一的不同是，现在你将沿着篮圈的两边从 45° 的倾斜角将球投出。从中场开始，紧挨着边线，并沿着边线运球，直到你将球运到 45° 角的位置，然后投篮。投中 5 次后，后撤半步，直到你撤到离篮圈 4.5 米，或者投篮姿势变形为止。单手练习完成后，双手重复此练习，在你开始以比赛的速度练习擦板投篮之前，这是一个理想的热身投篮练习。

中距离自传擦板投篮练习

　　接下来你要做的是，用你所熟悉的两步急停后接球投篮的方法进行擦板投篮。你要在篮圈的两侧擦板投篮，开始的时候在靠近篮板的位置投篮，然后逐渐后撤到 4.5 米的位置投篮。与你练习其他投篮技术时一样，你可以在每个位置投进 10 球，也可以连续投一定数量的球。

篮下自传擦板投篮练习

　　擦板投篮，或者更具体地说，转身擦板投篮，是一种进攻利器。从低位到中位区域面对体形较小的防守球员时，使用擦板投篮技术尤其有效。这是一项你需要花费很长时间才能学会的技术，因为你必须有足够的能力在接球的同时将中枢脚摆正，并从球场两侧将球投进。然而如果你能将这种投篮技术练好，并且能在中枢脚不动的情况下流畅地使用转身擦板投篮技术，那么你将会发现，这种球本身就很难防守。让我们来看看一个惯用右手投篮的球员是怎样在中枢脚不动的情况下实现转身擦板投篮的。

　　从低位开始，以 45° 角向球场侧翼击地，将球传给自己。先迈出几步小碎步，然后左脚再迈出一大步，左脚将是你的中枢脚，中枢脚内侧着地，你的投篮脚（也就是你的右脚）的方向由球场中心变成投篮线方向，将球举起，然后擦板投篮。你在传球给自己后，保证要在低位接球，这样你才能从低位到高位进行投篮。

现在从篮下传球给自己并通过跳步急停将球接住，你将背对篮圈，练习中枢脚的 4 个不同转法，即右外、左外、右内、左内。

选择转身擦板投篮中的任意一种转法，努力将球投进 10 次。惯用右手投篮的投手在篮圈右侧，以左脚为中枢脚向内侧转身，将球投进 10 次；然后以左脚为中枢脚向外侧转身，转到身体朝向底线为止，并投进 10 球。之后，用右脚作为中枢脚向内侧转身，投进 10 球；接着以右脚为中枢脚向外侧转身，将球投进 10 次。在球场一侧练习需要投进 40 球，在球场的另一侧练习也一样。可能你不想在一次训练中就将所有的转法都练完，但是你首先应该知道转身擦板投篮有 4 种基本的转法，然后就是努力掌握每一种转法。

急停擦板跳投练习

这是擦板投篮的最后一种投法，其练习方法和急停跳投的一样。我们已经讨论过在做投篮假动作之后进行突破的练习，你也可以将急停加入其中，你甚至可以开始在三分线外沿着边线去运球。就像你的其他投篮练习一样，把练习组合起来，让它充满乐趣和吸引力。若你想在距离篮圈 3.6 米 ~ 4.5 米的任何位置都能进攻得分则可以回想一下第 5 章的内容，当你练习急停跳投的时候，你把运球当作给自己传球。因此重点是你不要在你身体周围运球，而是要在身体前面运球，这样你就能使用正常的两步急停跳投练习，就像是你在接球一样。

同时你也要练习从球场两侧单手急停擦板跳投，如果你是惯用右手投篮的投手，那么就从中场开始，紧贴着边线，沿着边线向下运球，直到你与篮板呈 45° 角，然后快速向内线运球。在离篮圈 1.5 米 ~ 3 米的位置停止运球突破，接着急停擦板跳投。这样做的目的是投进 10 球。一旦你已经完成了这些动作，你就可以先用左手持球突破，然后将球换到右手上，身体与投篮线保持对齐，最后你就可以急停擦板跳投了。用这种投篮方法投进 10 球之后，接着在球场的另一侧边线上重复同样的练习。

努力让擦板投篮成为你比赛的一部分。正如我在本章开始时所说的，擦板投篮可能不是一个让观众惊叹或者将你带入下一个精彩时刻的技能，但它却是一项可以让你大幅提高你的得分的基本技能。如果你在中距离跳投时使用擦板投篮技能的命中率很高，那么你就会发现你有自信去面对体形更加高大的防守球员。当你擦板投篮时，投球的弧度会更高，这样你就可以自己将球举起并且突破防守球员，而这个防守球员正试图通过将你的投篮封盖来赢得喝彩。不要让防守球员成为当今比赛中的无名英雄，而是要在他面前擦板将球投进。

第8章

摆脱防守球员投篮

如果你学会了定点投篮，那么你就能学会两步急停跳投。如果你已经学会了移动中枢脚进行投篮，当你发现自己可以比赛的时候，你就必须给自己创造投篮机会。有些球员可能会认为，在胯下运球3次、背后运球6次后投篮，就是在给自己创造投篮机会。但事实并非如此，如果这样做的话，你只是在进行一对一单打而已。当你给自己创造了投篮机会时，你就必须将其融入比赛节奏和进攻体系之中。在美国职业篮球联赛中，没有人能够像曾效力于洛杉矶湖人队（Los Angeles Lakers）的科比·布莱恩特那样给自己创造投篮机会，然而他并不是从一开始就有自己的投篮机会。当科比·布莱恩特第1次进入联盟打比赛时，他就是那种一对一单打的球员，所有的事情都要他一个人来做。之后他成为沙奎尔·奥尼尔的队友，并知道了如何成为球队领袖。这两人深刻影响着联盟，并且科比·布莱恩特开始有了自己的投篮风格。然而当沙奎尔·奥尼尔离开后，科比·布莱恩特又继续回到了"大男子主义"的比赛模式中，虽然他的个人得分惊人，但洛杉矶湖人队也并没有获胜。在经过三个赛季后，科比·布莱恩特成长得十分迅速，他在创造出自己的投篮机会之前，考虑让队友参与进来。最终，洛杉矶湖人队再次夺回了美国职业篮球联赛最具实力的球队的宝座，这次获胜与科比·布莱恩特的进步有直接关系。

你应该通过跑动、做假动作以及减少运球时间的方式来使自己变成一个更加高效的球员。还有就是不持球多跑动以及掩护投篮。掩护投篮和无球跑位越多，你对给自己创造投篮机会的关注就越少。我们将在第9章详细讨论掩护投篮和无球跑位。这一章专门介绍当你面对较大的防守压力、进攻时间慢慢减少等情况时，创造投篮机会的具体步骤。

当你只有3秒甚至更短的时间投篮，而且没有时间像平常那样运球时，你会怎么做？你最好在某个时候练习一下这种情况，如果你是一名真正的球员，那么你应该为这种情况做好准备，一遍又一遍地练习，在体育馆甚至在你回家的路上练习上千次。哪一个真正的篮球运动员不想得分并获得比赛的胜利？这就是我们努力的目的。在你开始跑位创造机会之前，你首先要研究一些优秀的篮球球员，观察并记录他们是如何投篮的。想想这些球员有多棒，防守终结他们的球员的能力有多强，但他们仍然能够一次又一次地在与高水平的防守球员的比赛中打出好球。

通常，美国职业篮球联赛球员在接到球的时候都会去观察，这些球员包括科比·布莱恩特（Kobe Bryant）、卡梅隆·安东尼（Carmelo Anthony）、勒布朗·詹姆斯（LeBron James）、德怀恩·韦德（Dwyane Wade）、德克·诺维茨基（Dirk Nowitzki）、保罗·皮尔斯（Paul Pierce）、蒂姆·邓肯（Tim Duncan）和克里斯·波什（Chris Bosh）。以上这些球员都有能力创造自己的投篮机会，他们是在用自己的智慧进行投篮。这些球员中有些非常擅长跑动，还有一些仅擅长使用基本的篮球技术。如果可以的话，也可以在网上找到迈克尔·乔丹（Michael Jordan）、拉里·伯德（Larry Bird）、哈基姆·奥拉朱旺（Hakeem Olajuwon）、雷吉·米勒（Reggie Miller）、克里斯·穆林（Chris Mullin）和史蒂夫·史密斯（Steve Smith）的比赛片段。这些是篮球史上为数不多的伟大球员，他们的跑位精妙，并且总是能够创造自己的投篮机会。

大多数球员既不努力创造投篮机会，也不能在接球的情况下急停跳投命中，这是因为这份差事极其艰苦。如果他们可以站着不动并且有时间将球投出，那么每个层次的比赛中都会出现一些优秀的投手。如果允许他们享受这些特权，他们将保证自己的投篮命中率高，但是如果你让他们在比赛中面对一个贴身防守能力很强的高水平的防守球员，那么他们的比赛就会变得一团糟，因为他们从来没有真正练习过急停跳投或者创造投篮机会，当然也从来没有快速完成过投篮。

你现在已经知道如何通过练习使自己成为一名优秀的投手。现在是时候让自己的能力更上一层楼了，因为你想成为一名优秀的得分手。要成为一名真正优秀的得分手，你必须变得全能：必须能定点投篮，必须能够接球就投、急停跳投、创造急停跳投的机会，也必须能做试探动作和假动作。

摆脱并突破防守球员

在我们开始做假动作和试探动作使防守球员失去平衡之前，我们需要对"如何在保证中枢脚不动的情况下，摆脱你的防守球员并将球护好"有基本的了解。当你摆脱并突破一名防守球员时，你要么一条龙上篮，要么像第5章一开始详细描述的那样急停跳投。让我们明确一点，与接球投篮相比，急停跳投是运球停止之后进行投篮，你能控制你摆脱的位置。在这种情况下，如果你想要摆脱并突破防守球员，就必须把球运到你的身体前面，并且运球时要保持一定的距离。把球运出去可以让你有时间降低身体的重心，并合理利用两步急停步法实现跳投，这是有目的的运球。

当你摆脱并且突破防守球员时，你肯定是在纵向移动而不是在横向移动。想想这个场景：你在三分线接球，防守球员紧紧地贴着你，当你运球过人时，你想紧贴防守球员并且将球向前推出，将一个防守紧逼的三分投篮变成一个距离篮圈 4.5 米的无人防守投篮。运球时，你要控制住自己，确保你的手接近"篮球"或利用防守球员来保护球。我们将这称为手臂格挡，手臂格挡可以用来保护自己并且把防守球员往外挡（见图 8.1），在图中，这是一个紧逼的防守球员。

当你用手臂格挡防守球员的时候，手臂应该弯曲呈"L"形，手握成拳头状。握紧拳头并且将肌肉绷紧，可以使手臂变得更强壮。如果你的手是张开的，则防守球员可以很容易地撞开你的手，甚至撞开手臂。如果没有犯规，防守球员很可能会在你运球时腾出一只手来将你的球抢断。请注意，当你用手臂格挡防守球员时，必须把手臂紧紧地贴在你的身体上。向外伸展手臂会让你主动与刚刚摆脱的防守球员接触，并被判进攻犯规。此外绷紧手臂可以让你很好地保持平衡，并让自己的站位合理，这样你就能将球举起并进行急停跳投。如果你是一个惯用右手投篮的投手，则向右突破防守球员时，你会用你的左臂去格挡防守球员。当你急停跳投时，要确保将握紧的左拳打开，用双手将球拿起并起跳，形成你自己的投篮线，然后投篮（见图 8.2）。如果你是惯用右手投篮的投手，但却向左边运球，那么你应该用你的右臂去格挡防守球员。这就需要你在投篮时松开拳头，并将球换到你的投篮手上，建立自己的投篮线，然后投篮（见图 8.3）。对于惯用左手投篮的投手来说，情况正好相

图 8.1 用手臂格挡防守球员来保护球

反：向右移动时，将球换到你的左手上，而且在向左移动时，要用双手将球拿起。既然你已经明白了如何在摆脱防守球员的同时保护好球，那么你就可以准备探索如何让防守球员在比赛中失位并且创造投篮的机会。

图 8.2　惯用右手投篮的投手从右边突破防守球员时，使用左臂去格挡防守球员

图 8.3 惯用右手投篮的投手从左边突破防守球员时，使用右臂去格挡防守球员

假动作

　　假动作是进攻球员让防守球员失位的策略。一旦防守球员失去位置，进攻球员就能创造得分机会。我们将非常详细地介绍两个关键的假动作：投篮假动作和试探步。你在学习投篮假动作的时候，总是会先想投篮。你可以这样做：保持低位，处于投篮位置，保持平衡，然后准备投篮。你要时刻保持三威胁姿势，在这种姿势下你可以随时准备投篮、传球或运球。许多球员经常是在做了试探步之后再使用其他假动作或者直接做一个投篮假动作。这些假动作使防守球员难以快速反应并且防守球员也没有时间重新归位。无论是做投篮假动作还是试探步，保持较低的身体重心、摆出合适的投篮姿势、拥有扎实的步法是保持身体平衡和做假动作的关键。

投篮假动作

　　就和它的名称一样，投篮假动作意味着假装投篮。投篮假动作是一种十分实用的利器，可以将其添加到你的进攻手段中，因为每个防守球员都想对投篮进行封盖。不管自己有多高，所有的防守球员内心都有一种渴望，那就是腾空而起，把进攻球员投出的球拍飞到球场旁边的座位上。在训练中，教练可以随意地布置贴身防守；但在比赛中，防守球员在扑向进攻球员的时候，往往会发现自己的身体腾空，完全失去平衡。做假动作正是利用了防守球员的这种身体本能。你不是想封盖我的投篮吗？这儿有个机会。通过做一个恰当的假动作，进攻球员会让防守球员失去位置，从而轻松得分。

　　要做投篮假动作，你首先要弯曲膝盖（见图 8.4a），保持身体平衡。你应该面对篮圈，眼睛盯着投篮目标，将球举到头顶（见图 8.4b）。如果防守球员没有做出反应，则这个时候你就可以直接投篮或者带球上篮和急停跳投。

　　其次，要确保当你将球举起并且做投篮假动作的时候，你的脚不动。许多球员在做投篮假动作的时候向后撤了一步（见图 8.5），这意味着当他们举起球时，他们的脚会偏离篮圈。注意保持双脚不动，不要向后撤步，这样你就可以直接进行投篮或者上篮。许多裁判会吹哨并判你走步违例，仅仅因为它看起来不正确。此外，如果你站在球场的边角向后撤步，你可能会因为空间有限而踩线。

最后，你的投篮假动作应该以与你正常投篮时相同的速度进行，并做出正确的得分决定。太多球员做投篮假动作的速度过快，这样会留出时间让防守球员做出反应。

记住，如果一个假动作看起来很假，那么它就不是假动作。想想这句话，

图 8.4　**投篮假动作**

图 8.5　**做投篮假动作时，错误的后撤步**

仔细品味一下。当你做一个投篮假动作时，你希望它看起来像是真的投篮而不是假的。大多数球员在比赛中的投篮假动作看起来很不自然而且很笨拙，这是因为只有当教练告诉他们在某个特定的训练中做假动作时，球员才会去练习。想想教练每天要在投篮教授上花多少时间，如果教练每天花 30 分钟教授投篮，这还算是在投篮上花费时间比较多的，那么他们能花多少时间在教授球员创造投篮机会、做假动作、急停跳投、掩护投篮等技术上呢？教练根本没有足够的时间去教球员各种正确的投篮方式。所以作为一名球员，你必须投入额外的时间，继续进行训练。

一旦你学会了原地做投篮假动作，那么是时候先传球给自己，然后在跑动中做投篮动作了，或者和你的队友一起在"传—接"模式中做投篮假动作。练习击地自传或移动接球可以让你在更像比赛环境的条件下训练自己。我喜欢从限制区开始练习这项技能，然后从其他 7 个位置进行投篮训练。如果你以比赛的速度进行训练，那么你就可以开始在你的假动作中加入更多的变化。

记住双脚不动，保持投篮姿势，弯曲膝盖，做投篮假动作时将球举到头顶。做假动作，投篮，然后保持投篮姿势，头脑里也要想着你在本书中所学的相同的投篮技巧。保持较低的身体重心是做投篮假动作的必要条件。如果你站直身体，那么在站起来投篮之前，你将必须再次使膝盖和腰部弯曲以恢复身体平衡。当你把球举起且做假动作的时候，你的身体一定要保持在投篮线上。你将球举起并把它放回投篮区，然后立即投篮。你在不同的位置做投篮假动作之后，可以规定自己投进一定数量的球，或者连续投一定数量的球，甚至进行"投失 3 球"淘汰法的投篮练习。一旦你学会从中距离投这种球之后，你就可以从远距离开始练习了。记住，你先是在原地接球，然后在行进间做投篮假动作，最后将球投出。这意味着在开始做投篮假动作之前，你往往要先使用常规的两步急停接球技巧。

如果你采用原地接球做投篮假动作后投篮的方式，那么你必须保证你的内侧中枢脚不动，然后从左向右或者从右向左转身。我喜欢从球场边线移动，然后转身，使中枢脚朝向底线，再转身，使中枢脚朝向中场。如果你是一个惯用右手投篮的投手，要练习从右侧做投篮假动作后投篮的技能，则你在开始的时候要朝向底线，并且保持左脚这只中枢脚不动，投篮命中 10 次。完成这些动作之后，你的身体应该已经朝向中间位置了。接着，以右脚为中枢脚，中枢脚保持不动，再投 10 球。最后你要在球场的另一边重复这个训练，记住要在跑动中接球。这个训练总共要投进 40 球。

当然，你也可以练习连续投一定数量的球或者进行"投失 3 球"淘汰法的投篮练习。如果适应了中距离跳投，那么就可以练习远距离跳投了。像往常一样，当你在移动中转身时，确保你的身体平衡，并且与篮圈对齐。如果你正在和队友练习"传一接"模式，则你们可以在保持个人得分的同时，互相扑防和交替投篮。一旦一个球员的进球达到一定数量，那么他就是胜利者，失败者必须进行冲刺惩罚。

虚晃突破

虚晃突破是先做投篮假动作再运球突破的一种步法。这招取决于防守球员如何对你进行防守，你必须能向左右移动，因为你并不能预测你要从哪个方向突破。例如，你打算从右侧突破，而防守球员靠近你的右侧，那么此时你可能会被吹哨并判为进攻犯规。当你做投篮假动作的时候，要看看防守球员在哪个方向，然后从恰当的方位突破进攻。通常只有两种选择：从强侧虚晃突破和从弱侧虚晃突破。

强侧虚晃突破就是指，球员用惯用手运球并从惯用手那一侧进行突破。而弱侧虚晃突破则恰恰相反。要成为一名优秀的得分手，你必须能够从两侧突破。你不仅要训练你投篮得分的动作，还要学会如何对防守情况进行分析。随着你的虚晃突破技术不断提升，你作为一名得分手在场上的决策会更加精准。

当从强侧或弱侧虚晃突破时，你必须弯曲膝盖，保持投篮姿势，这样你就无须在突破防守球员的同时调整身体。如果你站直身体，膝盖僵直，那么你就会让防守球员有时间归位并且将球抢走，还有，记得用你的手臂格挡。你刚刚突破的防守球员很可能会尝试从后面进行干扰，将球掏走。无论你用什么样的假动作，你都必须记得在你突破的时候保护好球。要想提高篮球步法，练好从强侧和弱侧虚晃突破的技巧，首先要练好原地接球、两步急停，接着是练好在移动中用中枢脚内侧着地接球等技巧。

强侧虚晃突破

　　从强侧虚晃突破时，你用惯用手运球，然后将防守球员摆脱并突破他们。在原地接球训练中，如果你是一名惯用右手投篮的投手，那么你将用两步急停的方式接球。这意味着你的右脚（也就是投篮脚）是你的活动脚（见图8.6a），中枢脚应该是你的左脚。做一个投篮假动作，然后右脚起步突破防守球员，将球运到身前，而不是侧面（见图8.6b）。要突破防守球员，而不是还在他周围。运球后，跳步持球，然后急停跳投（见图8.6c）。虽然之前我提到过我不提倡使用跳步，但现在是使用它的绝佳时机。你一个虚晃突破之后可能会遇到其他人的防守，这意味着一旦你摆脱并突破你的防守球员，那么就会有其他防守球员上前协防。跳步可以防止你带球撞人而造成进攻犯规。当然，如果没有协防，你就可以直接一条龙带球上篮。

图 8.6　强侧虚晃突破，左脚先不动，右脚起步，然后准备投篮

当掌握这个基本技巧之后，接下来你需要练习行进间接球之后从强侧虚晃突破这一技巧。如果你从左向右跑动，并且中枢脚是你的非投篮脚，那么行进间接球虚晃突破和原地接球虚晃突破的步法是一致的。在这种情况下，你的中枢脚是左脚。然而当从右向左移动时，你的中枢脚就是你的投篮脚（右脚）。当你以这种方式持球时，要确保你的脚趾面对篮圈，要是你仍然从强侧虚晃突破，则你还可以在做完投篮假动作之后（见图 8.7a），用左脚交叉步挡住防守球员（见图 8.7b），将球运到你的身前，再做一次跳步接球，接着急停跳投（见图 8.7c）。无论你将哪只脚作为你的中枢脚，你都必须做到虚晃突破。

图 8.7　**强侧虚晃突破，右脚先不动，左脚起步，然后准备投篮**

弱侧虚晃突破

弱侧虚晃突破是用你的非惯用手运球并突破防守球员的一种步法。在进行弱侧虚晃突破时，你要先将球举过头顶做投篮假动作，然后将球向下拉，从对手的臀部位置将其突破。如果你在做完投篮假动作之后，把球拉到惯用手的一侧，那么防守球员有机会将球抢断或者击飞，而且你也需要更多的时间将球从身前传到你的非惯用手那一侧。因此，当防守球员贴近你的投篮手时，就用弱侧虚晃突破吧。

练习弱侧虚晃突破和强侧虚晃突破的方法是大致相同的。首先，在练习原地接球时都要用到两步急停的步法，确保身体重心低，并且身体在接球时保持平衡。在练习原地接球后从弱侧虚晃突破的技巧时，有一个不同之处就是你做了投篮假动作之后是用交叉步来挡住防守球员的。例如，你是一个惯用右手投篮的球员，你在原地接球，两步急停之后，你的中枢脚是左脚。做完投篮假动作之后（见图8.8a和图8.8b），当你用左手运球时，你的活动脚，也就是投篮脚要在你的体前穿过（见图8.8c）。完成交叉步之后，和强侧虚晃突破训练一样，跳步接球后再急停跳投（见图8.8d）。注意，所有的弱侧虚晃突破都必须将球换到你的投篮手上，这样你才能在投篮的时候保持平衡，同时与投篮线对齐。

一旦你熟练地掌握了原地接球移动技巧之后，接下来就应该练习行进间接球。如果你是一个惯用右手投篮的球员，在接球方面，从弱侧虚晃突破的步法与从左向右移动的步法对你来说是一样的。这是因为当你做完一个投篮假动作之后，你的左脚是保持不动的，这就要求你必须用你的右脚来做交叉步，然后运球突破。当你从右向左移动时，你还可以在持球时压住脚尖，做投篮假动作，把球向下拉到你的臀部位置，然后左脚起步运球突破（见图8.9），这样就形成了一个顺步而非交叉步。

和你到目前为止学到的所有技巧一样，在练习虚晃突破的时候一定要分阶段进行。无论是自己传球给自己还是搭档传球给自己，你在开始的时候都应该在7个投篮点从强侧和弱侧进行虚晃突破训练，投进固定数量的球或者连续投一定数量的球，也可以进行"投失3球"淘汰法。为了练习行进间接球并从弱侧和强侧虚晃突破，要从球场一侧进行投球，将球朝着一侧的底线来回传，然后球就朝向球场中间的位置转动。完成之后，在另一侧做同样的

图8.8　原地接球并从弱侧虚晃突破

练习。

　　如果你熟练地掌握了强侧和弱侧虚晃突破的步法，那么你就可以学习怎样去读懂防守球员的意图，在贴身防守训练中练习虚晃突破十分合适，一个队友将球传给你之后就转变成防守球员，上前贴身防守你的左侧或右侧。你必须做出正确的解读：如果防守球员贴防你的左侧，那么就从右侧虚晃突破，反之亦然。

　　一旦你学会了去解读防守球员的行为、想法，那么你就可以把训练变成一个有趣的、有竞争性的一对一比赛。如果进攻球员得分，进攻球员就可以继续进攻。如果防守球员将球抢断，那么防守球员就变成进攻球员。倘若要和整支球队一起训练的话，就把球队的所有球员分成 3 ～ 4 个小组，共用 1 个篮圈，然后把训练变成一对一轮流上场的比赛。如果进攻球员得分，就重新换上一个新的防守球员。每个球员都要记录自己的进球数或者得分，训练时限为 5 分钟，得分最高的球员获胜。像这种贴身防守一对一轮流上场的训练方法极具竞争性，可以很好地培养球员的得分意识。

图 8.9　从右向左弱侧虚晃突破

试探步

　　试探步是进攻球员用非中枢脚在防守球员周围进行短而快速的移动。试探步的主要目的是让防守球员失去平衡，从而使自己获得优势，这样自己就可以进攻了。如果你在防守球员面前使用试探步，并且他的脚后跟后移或者后撤，这时你就可以直接跳起投篮了（见图 8.10）。保证你的试探步步伐要小，并且在防守球员周边使用试探步。如果你的试探步只迈向防守球员的一侧或者迈出的步伐过大，那么你的站姿就会变形且身体失去平衡，防守球员可能会对这种试探步做出反应。虽然你可能觉得自己已经有了优势，但是由于你将试探步迈在一侧或迈得过大，你不得不让自己的身体重新保持平衡，这就给了防守球员足够的时间回到他的防守位置上。

　　进行试探步的时候，步法要高效。试探步只需向前迈 5 厘米，你在这个位置仍然能够在保持身体平衡的同时起跳投篮，或者将球拉回再做试探步，或者做试探步之后直接上篮。如果你对防守球员用了好几次试探步，那就有理由相信，你最终能把他晃得失去平衡，从而创造一个投篮得分的机会。你在使用试探步的同时观察队友的动向是至关重要的。如果你在试探步上花费

图 8.10　试探步

太多的时间，那么你可能不仅会让队友错失一个更好的得分机会，还会让防守球员形成联防，即使你突破了你自己的防守球员，协防过来的防守球员也会让你动弹不得。试探步要简单精准，一针见血。你在学习试探步的时候，要先学会用投篮脚练习试探步，再用非投篮脚练习试探步。

因为我们在训练步法的时候，一般是先从原地接球开始的，所以你的投篮脚总是你的非中枢脚（或者叫试探脚）。如果你是惯用右手投篮的球员，那么你的投篮脚就是右脚，如果你是惯用左手投篮的球员，你的投篮脚就是左脚。然而当你在行进间接球的时候，你的中枢脚是你的内侧脚。这意味着你可能用你的非投篮脚来做试探步，所以你必须去练习这项篮球技能。曾效力于费城76人队（Philadelphia 76ers）的安德鲁·托尼（Andrew Toney）是篮球史上用双脚都可以将试探步做得非常好的球员之一。安德鲁·托尼是一个惯用右手投篮的投手，但是当他发现自己以右脚为中枢脚时，他会用左脚去简单地试探一下防守球员，而防守球员会后撤，然后自己就可以运球突破。你可能会感到奇怪，一个惯用右手投篮的投手，怎么会在投篮时，左脚略微在右脚前面呢？没错，大部分球员不会这样，但安德鲁可以，他会直接跳投并且命中。

我记得看到安德鲁·托尼用左脚试探步帮助球队击败过波士顿凯尔特人（Boston Celtics）队。我曾经去了球场并立即开始进行这项训练，起初似乎有点不习惯，毕竟使用试探步会使自己的下半身偏离正确的投篮线。但是经过一遍又一遍的尝试，试探步变得很流畅并且我也能投中。我能向我自己证明，无论什么技能，如果我足够努力去练习它，那么我就能将它完美应用，并将其添加到我的进攻手段中。这是我职业生涯后期在爱尔兰打职业篮球时学到的宝贵一课。活到老学到老，在比赛中总有一些东西是需要你去努力学习的，不要只是为了练它们而练，要为了让自己能完美地运用它们而去练习。

先从固定位置开始练习试探步。先用你的投篮脚进行试探，然后跳起投篮。一旦你觉得自己可以连贯使用这种步法，那么你就可以进行原地接球，如果你单独练习，那么你可以自己传球给自己；如果你和队友在一起练习，那么你们就可以使用"传—接"的训练模式。你要保证在原地接球的时候先使用常规的向前两步急停步法，然后再使用试探步，最后跳起投篮。否则你可能会向前两步直接投篮，并说服自己那只不过是一个试探步而已。急停也让你有机会去观察防守球员。此时如果你的防守球员后撤，那么你就可以跳起投篮。在 7 个训练点投篮，可以投进固定的球数，也可以连续投一定数量的球，或者进行"投失 3 球"淘汰法的投篮训练。如果你在中距离掌握了这个技能，那么就把训练扩大到三分线外。篮球史上几乎每一位优秀的三分投手都十分依赖"试探步—起跳—投篮"这种步法。从拉里·伯德、雷吉·米勒和雷·艾伦的比赛来看，没有这种技能，三分球根本不会构成十足的威慑力。

接下来要练习行进间的试探步，通过使用两只中枢脚来完善这项技能。球员从球场两侧训练试探步，先旋转朝向底线，然后再朝向中间。请注意，当你发现自己的中枢脚是投篮脚，且使用非投篮脚来做试探步时，你要练习的就是前面提到的安德鲁·托尼使用的试探步。你在开始的时候可能会有点不习惯这项练习，但是如果你想全面掌握试探步，这项练习十分重要。

最后你也可以练习"试探—突破"的步法，并急停跳投。记住，试探步的步伐小、速度快。按照上述的训练构想来讲，试探步可能不太适合运球突破，因为防守球员后撤之后你就能起跳投篮了。然而一个好的防守球员最终会判断出这是一个假动作，他也就不会后撤，反而紧贴着你来阻拦你投篮。由于你的试探步的步伐小、身体重心很低，且仍保持着投篮姿势，所以你会与防守球员纠缠在一起，此时，你可以准备运球突破防守球员，接着采用和虚晃突破一样的投篮方式进行急停跳投就可以了。强侧"试探—突破"步法和弱侧"试探—突破"步法你都要进行练习。可以用同样的方式练习"试探—突破"步法：首先原地接球，从 7 个点开始两步急停接球，再转换为移动中接球，用内侧脚也就是中枢脚向底线和中间旋转，分别从两侧进行练习。

学会了完整的试探步技巧后，你就可以与队友进行对抗练习，学习去正确解读防守球员的意图。队友传球给你之后就转变成防守球员，上前对你进行贴身防守，这样的训练方式可以锻炼你的直觉，这在比赛中将大有益处。你应该起跳投篮吗？应该左侧进攻急停跳投还是右侧进攻急停跳投？你和队友可以攻防转换交替练习，将分数记录，累积到一定分数的球员获胜，如果进攻球员错误理解了防守球员的意图，就要扣分。例如，防守球员向右侧逼近，进攻球员在做完试探步之后，仍然从右侧突破，这就很可能导致进攻球员犯规。记住，用流畅的步法去练习这项技能至关重要。将"原地接球之后做简单的试探步，然后投篮"这个步法熟练掌握之后，你就可以尝试以你的投篮脚为中枢脚去做行进间试探步，运球然后急停跳投。

后撤步

　　脑海中要记住，运用投篮假动作和试探步的目的是突破防守球员。假设你用投篮假动作或者试探步突破了第 1 个防守球员，然后运球往内线打，并想要急停跳投，但这时第 2 个防守球员协防过来。为了创造投篮空间，你可以使用后撤步，后退并远离协防球员，从而创造一个新的得分机会。这是一个优秀的得分手需要掌握的先进的投篮技术之一。

　　后撤步是一个可以让你进行急停跳投的有效方法，用你的内侧中枢脚向后撤，与防守球员拉开必要的投篮空间，保持身体平衡，然后将球轻松投出。请注意，正确的后撤步总是先从内侧中枢脚开始后撤的。如果你用你的外侧脚后退，那么你创造的空间会很小。如果你用你的外侧脚把身体向后拉，而不是用你的内侧脚，那么这种步法的移动速度会很慢，防守球员可以很轻易地跟上你的步伐。

　　你要思考两种后撤步：强侧后撤步和弱侧后撤步。首先要学习弱侧后撤步，因为相比于强侧后撤步，弱侧后撤步更容易掌握和练习。这是因为强侧脚，也就是你的投篮脚参与了进来，使弱侧后撤步需要做的动作比强侧后撤步需要做的动作少，而且还可以保证你的投篮线与篮圈对齐。

弱侧后撤步

　　之所以会叫弱侧后撤步是因为球员将在他的弱侧以一定的角度向后退。所以惯用右手投篮的球员会向左后退，惯用左手投篮的球员会向右后退。要想练习弱侧后撤步，首先要在防守球员面前大力运球并且降低身体重心，将内侧脚插到防守球员的双脚中间，然后内侧脚向后退，另一只脚跟着向后跳或者向后撤，从而与防守球员拉开距离。当你运球到你的弱侧时，就比较容易做后撤步，因为你将把你的投篮脚（强侧脚）插到防守球员的两脚中间。

　　假设你是一个惯用右手的球员，将要从右向左移动。把你的右脚（强侧脚）插入防守球员的两脚中间（见图 8.11a），然后右脚往后退，与防守球员拉开距离，进而将球投出（见图 8.11b）。内侧脚，也就是你（弱侧脚）向后退可以让你在后撤的时候拉开更大的空间，并且保持身体平衡。这是因为你在做后撤步的时候，身体没有发生移动。没有移动的意思就是，你可以很平稳地进行后撤步或与投篮目标保持对齐，因为你早已在投篮线上。在下一部分的练习中，你将看到弱侧后撤步与强侧后撤步的主要区别。

　　当你完成后撤步并创造出投篮空间后，要平稳落地，保持投篮姿势，投篮脚在另一只脚稍前面一些。脚趾应该指向投篮目标，膝盖弯曲，肩部在脚前面，头部在肩部前面。当你落地的时候，如果肩部不在脚前面，那么当你将球举起并进入投篮位置时，你身体的重心就会靠后，身体会不平衡，这会导致你的投篮距离不足。

强侧后撤步

　　如果你可以流畅地做弱侧后撤步，那么就可以开始练习强侧后撤步。

图 8.11　弱侧后撤步

在做强侧后撤步时，你先用投篮手运球，从强侧突破，然后以一定的角度向强侧后撤。要练习强侧后撤步，就要将你的内侧脚（非投篮脚）插在防守球员的双脚之间（见图 8.12a），后跳或后撤以创造投篮空间（见图

8.12b）。你现在必须朝着你投篮的方向移动或调整身体，这样你才能使你的投篮线与篮圈对齐、使你自己能够平稳落地且保持投篮姿势，而且你这样做就已经创造了足够的空间去起跳投篮。对于一个惯用右手投篮的投手而言，与弱侧后撤步相比，强侧后撤步的移动路线更像是一个对钩形状（见

图 8.12　强侧后撤步

图 8.13）。进行这种训练时，保持较低的身体重心十分重要。如果你站得太直，你会发现自己朝着运球的方向移动，投球的力度也会变小，而且身体会失去平衡。

在你开始学习任何后撤步的得分技术之前，你要确保将这种步法学会。学习这种步法要从基础练习开始，无论你是单独训练还是和队友一起训练，都要先从最关键的地方开始。首先从训练弱侧后撤步开始：用

图 8.13　强侧后撤步的移动路线

你的非惯用手运球进攻，并且将你的投篮脚插入防守球员的双脚之间，以一定角度向后撤，身体的投篮侧与投篮线对齐，平稳落地。要投进或者连续投一定数量的球，也可以进行"投失3球"淘汰法的投篮练习。开始的时候，你应该大力运球发起进攻，当你使用后撤步的时候，你要先从中距离开始跳投。

一旦你适应了中距离跳投，那么你就可以在更远的地方练习后撤步，这样你将可以投三分球。当你完成弱侧后撤步的训练之后，接下来以同样的训练方法去练习强侧后撤步。注意，当练习强侧后撤步时，你要用你的惯用手运球，并且将你的非投篮脚插在防守球员的双脚之间。当你做后撤步时，你必须与篮圈保持对齐，这样你就能起跳投篮。

当你完成了用后撤步在关键位置投篮的训练之后，接下来你就可以灵活运球，进行行进间接球后做后撤步投篮的训练。现在训练的是你比较熟悉的步法，你从球场两侧跑动，先朝着底线转身，接着朝着中间转身。请注意，当从任何给定角度开始训练时，你都需要用惯用手和非惯用手进行运球。需要解释清楚的是，从球场两侧使用后撤步投篮时有4种方式：身体朝着球场底线，分别用惯用手和非惯用手运球；身体朝着球场的中间位置，分别用惯用手和非惯用手运球。确保自己在球场两侧都要进行练习。当你适应了中距离跳投之后，你就可以开始练习远距离跳投。

训练时还有一个很好的方法，那就是将你所学的技能组合起来，并且将它们加入常规训练中。假设你是一个惯用右手投篮的投手，从右侧朝着球场中间跑动。当你用内侧脚将球接住时，由于你一开始对准篮圈，所以你不得不去调整你脚趾的位置；然后你可以做一个投篮假动作，突破防守球员，使用一个交叉步将球运到底线。因为你是用惯用手持球的，所以你也可以进行强侧后撤步投篮练习。

通过在你的日常训练中融入多种技能，你可以节省练习时间，这有助于加快你的发展。然而重要的是，你在练习每项技能时要注重基础练习，不要随便从练习一项技能发展到下一项技能。

后撤，起身，突破

掌握后撤步的好处在于这种步法能使防守球员处于两难境地。优秀的防守球员也许能跟得上你拉开的距离并将球抢走，但是当他们这样做的时候，他们就为你突破到篮下打开了一条通道。此时，你可以后撤，起身，然后突破上篮。为了练习这个步法，让我们设想一下，假如你已经使用了后撤步（见图8.14a），防守球员也已经反应过来，恢复了防守位置。此时，你将肩部和头部抬起，就好像你要投篮一样（见图8.14b）。当防守球员向你扑来时，你低下头部和肩部，将防守球员过掉（见图8.14c），然后急停跳投或者一条龙带球上篮。

当你后撤、起身、突破时，你可以用同一只手运球，如果防守球员贴近你运球的那只手，你也可以变向运球。为了解释清楚，让我们来看一个惯用右手投篮的球员，他使用的是弱侧后撤步（见图8.15a）。球员在使用这种特殊步法时，用左手运球，然后投篮脚以一定的角度向后撤。由于球员向后撤，此时他仍然用左手运球，但是当防守球员逼近运球手的那一侧时，球员可以立刻变向运球，变成用右手运球，然后就可以进行急停跳投（见图8.15b和图8.15c）。

为了可以使用后撤步投篮，还要练习后撤突破和后撤变向运球。训练每一种步法都是从限制区内的运球开始。在弱侧后撤步和强侧后撤步的基础上训练后撤突破和后撤变向运球。一旦你习惯了这种运球方式，就能以同样的步法从球场两侧分别朝着底线和球场中心进行运球练习。

图 8.14　后撤，起身，突破

图 8.15　当使用弱侧后撤步时，后撤，起身，突破。在突破的步法中变向运球

组合投篮步法

　　现在你应该明白了成为一名得分手需要什么。我们已经对投篮进行了非常详细的讲解，但是你不应该把自己局限成一个思维固化的投手。为了能够突破防守球员，你必须在掌握了投篮假动作、试探步和后撤步的基础上创造属于自己的投篮步法，然后将这些步法进一步组合起来，以助自己成为一名得分手。例如，如果防守球员识破了你的第 1 次投篮假动作，那么你必须有能力再做一次投篮假动作，然后运球突破；如果你用试探步来对付防守球员，而防守球员并没有后撤，那么这时你必须能够再次使用试探步，然后将其突破。我们已经接触过将多个步法结合在一起，让你可以在投篮的同时与防守球员拉开距离的方法。以下是我个人最喜欢的一些得分步法组合。

试探步和投篮假动作

　　顾名思义，在这个步法中，你要把试探步和投篮假动作结合起来使用。这一步法类似于"虚晃突破"，当防守球员逼近你时，你可能会用到这一步法。当你使用这一步法时，防守球员既要防你投篮，又要防你运球突破。我发现这一步法对中位球员最为有利。例如，凯文·加内特（Kevin Garnett）同时使用试探步和投篮假动作让其他个子大的球员无可奈何。这些个子大的球员不能用全部精力来防守，因为他们害怕凯文·加内特运球突破。防守球员不会去紧贴凯文·加内特，这也意味着他们和凯文·加内特之间留有很大的空间。投篮假动作也会使防守球员在防守时挺直身体，这使他们很难跳起来封盖凯文·加内特的投篮。最终，凯文·加内特有足够的时间去进行他所擅长的中距离跳投。

　　为了成功地组合使用试探步和投篮假动作，在将球举过头顶的同时，要大力使用试探步，就像是正常的投篮假动作一样（见图 8.16）。一些球员甚至喜欢在使用这个步法的时候再加上轻微的头部假动作。头部假动作仅仅意味着当你将球举起来做投篮假动作的同时头部轻微向后仰。头部假动作是一个亮点，它可以使防守球员身体僵直，而且给你留了很大的空位让你跳投。

图 8.16 试探步和投篮假动作组合

试探，试探，跳投

　　试探一次后，防守球员保持原位；再试探一次后，防守球员后撤，然后拉开空位跳投。使用"试探，试探，跳投"这种组合步法（见图 8.17）有一个前提，即第 1 次试探不起作用，第 2 次试探一定会起作用。比赛水平越高，防守球员就会越优秀。随着你成为进攻得分能手后，你会发现自己被对方球队的头号防守悍将盯防。他已经知道不要去防你的第 1 个假动作了，既然这样那么为什么不做两次假动作呢？就连篮球史上非常优秀的人盯人防守球员，如乔·杜马斯（Joe Dumars）、丹尼斯·罗德曼（Dennis Rodman）、迈克尔·库珀（Michael Cooper）、布鲁斯·鲍恩（Bruce Bowen）和罗恩·阿泰斯特（Ron Artest）也会被多个假动作误导。当你需要让防守球员失去平衡时，"试探，试探，跳投"这种组合步法是一个很好的选择。记住第 1 次试探时不要用力过猛。如果你未处在一个合适的投篮位置，那么你的投篮姿势也难以保持。试探步一定要距离短、速度快，有些球员在迅速地进行了3 ～ 4 次试探之后仍然能够处在一个良好的、平稳的投篮位置。你在练习"试探，试探，跳投"这种组合步法时，既要用投篮脚进行试探也要用非投篮脚进行试探。熟练地掌握这一技能，你就可以毫不费力地让防守球员落在你的身后。

图 8.17 **试探，试探，跳投**

试探，试探，突破

　　试探一次后，防守球员保持原位。再试探一次后，他仍然没有失位，但这次他的身体僵直了。他记得之前，就在这个位置，你让他落在身后，并且将球投进。这一次，他没有后退，但是他却动弹不得，仿佛陷入泥沼，身体僵直，所以就这样突破他吧。重点是你不要把自己局限成一个跳投球员，你也必须能够突入篮下。"试探，试探，突破"这种组合步法（见图 8.18）可以确保你在最后可以大步摆脱防守球员。贴着防守球员的臀部进行突破，并且擦着他的身体将其摆脱并突破。此外，记得用手臂格挡来护好球，同时将手握拳以保持身体强壮有力。当运球突破防守球员时，贴紧防守球员十分重要，因为这可以使他的身体失去平衡并且拉开你们之间的距离。就这样做吧，让自己成为一名得分手。把球推到你起步的位置，这样你就可以将球运得很远。当你运球突破且将球护好的时候，你必须重新调整身体，然后决定是急停跳投还是一条龙上篮。

图 8.18　试探，试探，突破

让我们面对一个现实：步法组合的可能性真的无穷无尽。你可以先接球，做投篮假动作，做试探步，再做一次投篮假动作，弱侧运球，接着变向运球，最后急停跳投。成为一名优秀的一对一得分手的关键是不要太纠结怎样将这些步法组合在一起。如果你在比赛的时候考虑这个问题，那么你运用这些步法的速度会很慢，而且很可能遭到协防。你需要把投篮假动作、试探步以及后撤步练得像是你的第二本能一样。不要想着一下子学会所有的步法。如果你这样做，那么最终你的所有技能都将学得一般且没有什么效率。即使是最伟大的得分手，他们也知道自己最擅长什么技能。当比赛进行到紧要关头时，他们会用他们最擅长的技能，如果防守球员失去了他们的防守位置，那么得分手就会做好进攻准备，因为他会用最擅长的技能发起反攻并终结比赛。

作为一名球员，你必须去努力感受你所喜欢做的动作，然后锁定一项技能。在不同的接球情形中完善这一技能：一开始是原地两步急停，然后是行进间接球，此时你的中枢脚是你的非投篮脚，最后以你的投篮脚为中枢脚进行行进间接球训练。一旦你掌握了所有位置的步法，你就可以练习新的步法，完善你的进攻手段，直到你真的不可阻挡。曾效力于洛杉矶湖人队的科比·布莱恩特总是在尝试新的步法。他先看磁带，研究防守，然后去体育馆，想象一个防守球员正在防守自己。在一遍又一遍地做同样的动作之后，他便会叫上一个队友进行实战防守，他会用同样的步法去应对实战防守，直到他掌握了这种步法。之后他会在比赛中使用这个步法。因为他准备得很充分，一直重复练习，所以这种步法很可能会在比赛中奏效。

第 9 章

投篮和掩护投篮

作为一名球员，如果你能有效地接收队友给你做的掩护，那么你就能在行进间完美地接球和投篮，这是一项至关重要的技能。本章我们将加强行进间接球和投篮练习，并且学习如何在各种掩护的情形下将其运用自如。想成为一名技术娴熟的进攻球员和得分手，你需要做好准备，并让你的队友有理由去掩护你。

掩护投篮技巧

进行掩护投篮时，要保持投篮姿势，膝盖弯曲，上身也弯曲，头部和肩部放低（见图9.1）。保持较低的身体重心直到你投篮。如果你进行掩护投篮时的重心较低，并且接球位置低，即使你不能直接投篮，你也可以准备运球和使用步法。不要在掩护接球时将球接得很高，如果你这样做了，那么你在"低—高"的投篮模式中必须做更多的动作，花费更多的时间，这样会让防守球员有时间重新回到防守位置，让自己失去由于挡拆而创造的得分机会。永远记住从低到高投篮的原则，作为一名进攻型球员，这会让你速度更快、效率更高。

图9.1 准备投篮时，保持身体平衡，重心要放低

　　许多教练教球员们在掩护投篮时，将自己的肩部靠着掩护球员的肩部，这就是许多球员在对抗时身体经常失去平衡的缘故。当你进行掩护投篮时，这种做法会让你的站位过高。当你不得不转身对准篮筐时，过高的身体重心会让你朝着你移动的方向转移。掩护投篮正确的身体对位是，你的肩部的位置应该在掩护队友的腰部或臀部（见图9.2a）。如果你以这种方式离开掩护队友，那么你的身体重心就会很低，身体会十分平稳，这样你就可以投篮或者使用步法进行突破。如果你和队友以比赛速度肩并肩地掩护投篮，那么你会因为身体重心过高而失去平衡（见图9.2b）。身体平稳会给你提供一个在行进间投篮命中的绝佳机会，你的身体越平衡，进球的机会就越大。在进行掩护投篮时不要偷懒，因为这是得分的机会。掩护投篮时，跑动与切入要突然，从而使你自己摆脱防守球员。

图9.2　a.掩护投篮正确的身体对位；b.如果你和队友以比赛速度肩并肩地掩护投篮，你会因为身体重心过高而失去平衡

在进行掩护投篮时，你必须紧贴防守球员的身体，这样会迫使防守球员也贴紧你的身体（见图9.3）。当你用脚和头挤开防守球员并向挡拆队友移动时，防守球员很可能会追上你或者撞上你的掩护队友。有一种方法是先让防守球员远离掩护队友，你可以做一个空切动作，先朝着篮筐方向跑动，然后后撤跑向队友，这样会拉开防守球员与掩护队友的距离（见图9.4）。掩护时保持投篮姿势，并贴紧你的挡拆队友。记住，推挤你的掩护队友并不犯规。不要给防守球员留出穿过或绕过掩护队友的空间。如果你这么做，那么掩护就失去了意义。当你掩护时，保证你的双手做好接球的准备并形成投篮区，如果你的双手准备就绪，那么传球队友将会第一时间看到，这让他可以很好地知道你想在什么位置接球。

掩护时，要在行进间接球。因此，你正在接球时，要将你的内侧脚着地。这会给作为一名进攻球员的你带来一些优势，但如果你使用跳步，那么这些优势将荡然无存。首先，你需要更好地控制身体，保持平衡。其次，如果以你的内侧中枢脚着地，那么你可以更好地观察场上形势。当你将内侧脚着地

图9.3　在掩护投篮时，你必须紧贴防守球员的身体，这样会迫使防守球员也贴紧你的身体

图9.4 在掩护投篮时，先让防守球员远离掩护队友，你可以做一个空切动作，先朝着篮筐方向跑动，然后后撤跑向队友，这样会拉开防守球员与掩护队友的距离

并接球之后（见图9.5），调整你的臀部和肩部位置，使你的身体朝向篮筐，这样你就可以用余光观察防守球员在什么位置。通过观察防守球员的动向，你可以在接球后做出更好的决定。例如，如果防守球员离你很近，并且已经穿过了掩护队友，那么你就知道自己无法立即跳投，而不得不使用步法来运球得分。当你使用的是跳步而不是使用内侧中枢脚着地，你就会失去对防守球员的观察，因为你跳起来对准的是传球给你的队友（见图9.6），然后你跳起投篮时，在空中调整身体方向，使其朝向篮筐。

行进间传球效果不好的原因可能是你的内侧脚没有着地。如果你的内侧脚着地，无论球传到你的前面或者后面，你都可以调整并接住。如果你的内侧脚着地，那么就迫使你的内侧脚向你的内侧移动并将球接回（见图9.7a）。如果你使用的是跳步，那么你的脚和球都会悬在空中（见图9.7b）。你不仅不能快速改变方向，而且如果你看不到防守球员，那他最终会将球抢断，这无疑会造成失误。永远记住，接球比站位更重要。

图9.5 **在掩护投篮时，投手用内侧脚着地接球**

图 9.6　当你使用的是跳步而不是使用内侧中枢脚着地时，你就会失去对防守球员的观察

图 9.7　a. 如果你的内侧脚着地，那么就迫使你的内侧脚向你的内侧移动并将球接回；b. 如果你使用的是跳步，那么你的脚和球都会悬在空中

　　如果你能看到防守球员，并预料到自己会被追上，那么你以内侧脚为中枢脚着地就可以比使用跳步更快地进入投篮位置。以你的中枢脚为中心向内侧转身，之后使用两步急停步法来接球可以使你的投篮更具威胁性。当你使用跳步时，你会失去动力，因为你对于传球队友而言是侧着身子移动的。想要在落地之后保持身体平衡并朝向投篮目标会变得更加困难。

　　从左向右或从右向左移动时，你一定要注意自己的步法和时机。关键是要确保当你进行掩护投篮时，身体重心要低。这可以让你去合理地调整自己的步法。当进入投篮位置时，脚后跟必须先着地，中枢脚的脚后跟先着地。当你先用脚后跟着地，然后把重量转移到脚趾上时，你就可以将你的能量转移，从而保持身体平衡。如果脚后跟没有先着地，而是平脚着地，那么你的投篮将不再是有节奏的两步急停投篮，而更有可能是三步或四步投篮，在这种情况下你被迫通过运球来恢复身体平衡。

　　平脚着地还会出现另一个问题，那就是你不能立刻摆好投篮姿势，然后接球投篮。如果你正朝着传球队友移动，那么当你平脚着地时，你就不可能使脚趾朝向投篮目标。如果脚后跟到脚趾先后着地，那么你会发现当你身体的其他部分也着地时，你的内侧中枢脚本身就对着篮筐。踮起脚可以确保你的身体保持平衡。

掩护投篮训练

　　在进行掩护投篮时，行进间投篮的步法要求球员身体协调，更准确地说是双脚协调。无论从哪个角度设置挡拆，从哪个角度进行投篮，你都要先让你的内侧脚着地，然后对准投篮目标，将球投出。因此，你必须擅长行进间投篮。大多数球员自己不会进行行进间投篮，而只习惯在球场的不同位置练习定点投篮。练习定点投篮固然没错，因为这对于完善投篮技术来说是必不可少的，但是在比赛中，大部分球员都是在行进间投篮的。我们要学习的是比赛性质的投篮，所以不要只是练习定点跳投。你必须以比赛的速度，在比赛的投篮位置，练习比赛性质的投篮。

　　在你以比赛的速度开始练习行进间投篮之前，我强烈建议你失去练习自己传球给自己，从左向右和从右向左跑动，但是不要投篮。这样做，你可以专注于你的步法。开始练习的时候，以比赛速度的一半进行训练。如果你适应了这种速度，并且把步法练得很正确，基础良好，身体平稳，那么你就可以提高传球给自己的速度。当你能够在不失去平衡的情况下以比赛速度进行训练时，你就可以将投篮加入训练中。

你需要完全理解如何以你的中枢脚为中心转身，以使自己在面向篮筐的同时与投篮目标保持对齐。你必须先把步法练习好，然后才能以比赛速度进行投篮训练。如果你一开始就错了，那么你什么时候才能做对呢？如果你在训练中没有将动作练好，那么你在比赛中肯定也不会突然将动作做好。

要确保你能把在上一次训练中学到的东西融入下一次训练中。然而，许多球员常常忘记在完成投篮动作之后仍然保持投篮姿势，因为在移动中进行投篮需要他们将精力集中到步法上。步法固然重要，但是也不要忽视你的最终目标：以合适的方式投进空心球。

全场击地自传练习

从球场底线处的右侧三分线的位置开始，背对墙壁。整个球场都应该在你面前，摆出"三威胁"姿势，起点就是底线处的右侧三分线。开始练习时，将球沿着三分线向自己旋转，球会从地板上反弹回来，即向你飞来，以此来模拟传球。你现在必须用你的内侧中枢脚跑到你的投篮位置（在这个例子中，中枢脚是左脚）。一旦你接住球，你就应该瞄准方向，并且与投篮目标对齐。脚的姿势必须正确，保持身体平衡。你应该绕着球场或者三分线练习击地自传若干次，直到移动到底线处的三分线另一侧。

如果你已经移动到底线处的三分线另一侧，那么回到起始位置并重复训练，或者你可以从已到达的这一侧开始，以相反的方向进行训练。你可以单独训练，也可以团队训练。记住，身体重心要低，确保正确的中枢脚落地，然后摆正身体，以使自己与篮筐对齐，确保脚的位置正确，保持身体平衡。

底线往返击地自传练习

这次练习与全场击地自传练习所学的技能相同。只是这次练习的传球角度不同。你应该从不同的传球角度练习接球和投篮。在这种情况下，如果球从上面过来，你会收到一个向下的挡拆。几乎在任何级别的比赛中，这种挡拆都是很常见的。你的队友朝向底线以一定的角度做挡拆可以使你（也就是投手）自由地向球跑动。如果球从底线传过来，那么你会收到一个边线挡拆，这是另一种常见的挡拆，目的是为了创造一个快速接球和投篮的机会。当你接到球的时候，依然是内侧脚着地并朝向投篮目标，就像你一直在练习的那样。还要练习接住从篮筐的两侧传过来的球并投篮，在底线将球来回传给自己。

我们强调的要点是，和往常一样用内侧脚着地，当身体朝向篮筐时，将你的投篮脚放到正确的投篮线上，然后固定住。如果你是一个惯用右手投篮的投手，在练习接住从篮筐左侧过来的球（这个和向下挡拆相像），那么你必须确保你的左脚先落地，然后带动你的右脚移到投篮位置。然而，如果你是一个惯用左手的投手，在球场的同一侧练习同样的动作，那么你应该让你的左脚先落地，然后截住右脚，使左脚与投篮线保持对齐。

左向右 V 形空切练习

这是一次很好的团队练习。如果你有 15 名队员，则将队员分成 2 组：1 组 8 人，1 组 7 人。一个球员（如图 9.8 中的 R 所示）在篮筐附近的篮板位置。这个球员的作用是不要让球落到地上。这个位置看起来微不足道，但实际上却大有用处。抢篮板这项技能是可以学习的，篮板训练强调了它的重要性。这一切都是为了培养一种"追上它"的心态，举起手来，全力跑动，将球接下。

三四个传球者（如图 9.8 中的 P 所示）在球场右侧组成传球队列，从罚球线延伸到三分线之外。他们的责任是努力传好球，有节奏地将球传到投手的投篮区。如果球员在训练中不能传出好球，那么在有防守球员干扰的比赛中，他们如何能将球传好呢？其余球员将在球场左侧形成投篮队列，从罚球线延伸到三分线之外，投手（如图 9.8 中的 S 所示）面向传球队列。

　　训练开始，一个投手想象周围有防守球员并几步突到篮下，接着将他的内侧脚（在这里是左脚）向后退，然后接球。投手会要球，以便让传球者知道他们这里是空位，准备就绪，并且有节奏地接球。投手必须形成自己的投篮区，内侧脚着地，平稳接球，平稳投篮，平稳落地。将球投出之后，投手留在原地，仍然保持投篮姿势。当投手尝试中距离跳投时，之前制定的投篮规则和保持投篮姿势有可能让篮板球员接到一个长篮板球。篮板球员接到篮板球之后，快速运球到传球队列的最后，最好是用他的非惯用手运球，传球者冲刺到投篮队列的最后，现在投手成了篮板球员。

　　掌握了从左到右的空切练习后，球员可以从球场的另一边进行从右到左的空切练习。轮换规则是一样的：篮板球员运球到传球队列的最后，传球者冲刺到投篮队列的最后，投手成为新的篮板球员。唯一不同的是，球员在做从右到左的空切时会把右脚向后退，在接球时右脚是中枢脚。惯用右手投篮的球员和惯用左手投篮的球员在起跳投篮时应该与投篮目标对齐。

　　此外，根据球员和球队的不同水平，教练可以在训练中增加一个掩护队友。在这个练习中，投手掩护接球，然后将球传给掩护队友而不投篮。这是教球员如何做好掩护的一个很好的办法。通常情况下，一个优秀的投手会甩开防守球员，掩护球员会发现自己这儿成了空位。做掩护的时候，要时常想着掩护和得分。

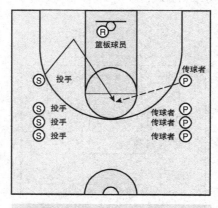

图 9.8   左右 V 形空切

底线投篮练习

这是另一个很棒的团队训练。训练开始，至少 3 个球员排成一列，分别站在限制区的两条线与底线的交点处，除了排在队列第 1 位的球员，每个球员都有球。排在第 1 位的投手（如图 9.9 中的 S 所示）沿着标志线移动到罚球线的弯曲处。当到了弯曲处之后，这个投手将内侧中枢脚落地，并将中枢脚的脚趾指向他要去的方向。此时，这个投手继续移动到另一个弯曲处，将相同的内侧脚着地，且脚后跟到脚趾先后落地，将身体与篮筐对齐，准备投篮。

站在底线的传球者（如图 9.9 中的 P 所示）传球给对面的投手，这样投手就可以有节奏地接球，然后依次进行训练，刚刚给投手传球的传球者向外移动变成新的投手，移动到弯曲处后，投手的内侧脚落地，对面的传球者继续传球，投手接球之后投篮。这名投手的步法和动作与之前进行训练的投手的步法和动作相反，因为他们走的是相反的方向。

训练重点包括底线切入、脚后跟到脚趾先后着地、保持低位、将球传到球员的投篮区、要球、接球、投球和平稳落地，记得投篮并保持投篮姿势，这样你就可以接到长篮板球了。如果你跟着你的球走，那么你会经常看到球没投进，甚至直接回到你刚刚投篮的地方。教练可以要求球员投进一定数量的球，或者给球员计时，观察球员投进一定数量的球需要多长时间。保持训练的竞争性，因为它可以刺激球员去提高他们的水平。

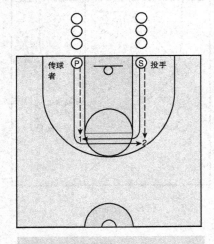

图 9.9　**底线投篮**

边线投篮练习

　　边线投篮练习与底线投篮练习相似，不同之处在于边线投篮练习是从球场两侧进行跑动，从罚球线延长线到三分线外进行训练。第 1 个投手（如图9.10 中的 S 所示）不持球，从三分线外开始（如图中的 S 所示）。他或她朝着对面队列的方向做一个空切，接到传球，内侧脚旋转并朝向篮筐，然后跳起投篮。然后传球者（如图 9.10 中的 P 所示）成为第 2 个投手，以相反的方向跑向给他传球的球员外侧，内侧脚进行旋转并朝向篮筐（与第 1 个投手的内侧脚相反）。

　　当以这种方式进行训练时，我喜欢增加一个篮板球员，因为这样可以阻止投手去接自己投出的球。记住，投手应去投篮，并在投篮后保持投篮姿势，这样他们可以拿到长篮板和关键回传，或者可以回来防守。投手唯一应该去接他们投出的球的情况是他们在线内投篮。在训练中增加一个篮板球员时，他们会把球拿回来，然后运球（最好用非惯用手运球）到之前传球的位置。

图 9.10　边线投篮

　　你现在了解了成为高效投手和得分手的必备技能。然而如果你不愿意投入时间和精力一个接一个地去练习这些基本技能，那么这些技能将毫无意义。

没有空位？这不叫问题！

现在当你掩护投篮时，你想到的是行进间接球后投篮。但你必须将你所学到的东西扩展开来，将运球急停融入相同的场景中。进行优秀且有质量的掩护很困难，当你接到球时，攻击性的防守球员会挤开掩护队友，紧紧跟随你到接球的位置。所以你应该做好运球的准备。记住，当你运球时，如果想带球突破，那么你必须将头抬起来。你要盯着你的投篮目标，这样你就可能会思考如何得分。瞄准目标的另一个好处是它可以让你看到整个球场的情况，并准备好找到一个队友去将球更好地投出或者避开协防球员。

如果你正从左向右移动接球，那么你的左脚将着地，左脚仍然是内侧中枢脚（见图 9.11a）。现在你将立即用外侧手运球，因为你预计防守球员会穿过掩护队友（见图 9.11b）。此时，外侧手就是你的右手。如果你从右向左移动，那么你会做相反的动作，接球时右脚着地，然后立即用外侧左手运球，你的内侧右手应该处在格挡防守球员的位置（见图 9.12）。既然你已经护好球了，那么就准备采取行动，成为一名具有威胁性的进攻球员吧。

图 9.11　投手在移动中从左向右移动接球

图 9.12　投手在移动中从右向左移动接球

第 10 章

投篮图表和投篮评估

你

已经了解了投篮的相关知识，并且已经学习了这项技能，无论是中距离投篮还是远距离投篮，你都已掌握得十分到位。你知道在罚球线上应该保持什么一致；你知道如何正确地进行擦板投篮；你知道怎样做假动作可以将防守球员晃晕。你可以想象自己掩护投篮进球得分，获得比赛胜利。你知道的，你可以进行想象。但是在实际比赛中你能做到吗？让我告诉你，你可以做到，但前提是你必须做投篮图表，你必须对你的投篮水平进行评估。

投篮图表

正如第 1 章所提到的，你要有投篮日志或投篮图表来记录你的训练过程，这是十分重要的。从很多方面来说，这是朝着成为一名真正优秀的投手这一目标迈出的最关键的一步。每次训练，我都会做出我的投篮表格。你可以问我一年中的任何一天的投篮情况，我可以在我的其中一本笔记本中找到详细信息。每次练习，你都应该像我这样做。你需要记录你的投篮命中率（进球次数除以投球次数），以及你的投篮类型，例如中距离跳投、行进间三分投篮、左右虚晃过人。如果你这样做，那么你不仅能看到你在比赛中的进步，还能看到你需要训练什么内容和哪些方面需要改进。还有，绘制投篮图表需要自觉。通过绘制投篮图表，你将表现出想要变得更加优秀的愿望和提高水平的决心。

下面是一个投篮图表的样本（见表 10.1），你可以用它来记录你的练习结果和训练项目等。先在左侧的日期和时间栏中，记录练习的日期和持续时间，例如 2011 年 6 月 15 日上午 9：30—11：00。在中间部分记下与具体训练项目相关的信息，我喜欢记我在体育馆的投篮情况。接下来，请记下你练习的投篮类型：接球投三分，向右虚晃过人，向左虚晃过人，罚篮，等等。如果你和搭档或教练一起训练，问问他是否注意到你的投篮情况，然后记下来。也许你的搭档或教练看到你的辅助手是放下的，或者你的大部分没有投进的球都是挨不到篮筐的，而不是投球距离过远。你可以记下这些信息，并在下次训练中进行必要的调整。最后，在投篮图表中标记出你的投篮位置。我通常用点来表示投篮位置。在点的下面，我会记下我的投篮命中率，例如 400/400，100%。

表 10.1　**投篮图表样本**

姓名 _____

日期	时间	说明	

源自：D. Hopla, 2012, *Basketball shooting*, (Champaign, IL：Human Kinetics).

投篮评估

除了将你的投篮情况绘制成图表外，你还必须评估你的投篮技术，以便对其有透彻的了解。此节是对第 3 章末尾投篮技术评估的延伸，涉及投篮的大部分技术。你的持球姿势正确吗？你的投篮臂是呈"L"形吗？你要成为一名投球手，而不是抛球手或推球手？你的膝盖弯曲程度是太小了还是太大了？你的头部保持在了正确的位置吗？你是否真心想成为一名优秀的投手，你应该能够回答这些问题。

评估还涉及你的行进间投篮和急停投篮的步法。当你从左向右移动时，中枢脚是你的内侧脚吗？从右向左又是什么情况？当你用非惯用手将球拿起时，你会换手吗？如果你难以对自己进行评估，就请朋友或教练帮助你吧。

下面是一个投篮评估表的样本（见表 10.2），你可以使用它来帮助你评估自己的投篮技术。当你对自己的投篮技术进行评估之后，你就可以做一些必要的调整，但是请注意你应该在赛季后而不是赛季中进行调整。当你对你的投篮技术做出改变之后，这些改变需要经过很多次练习才能产生效果，在赛季中改变投篮技术是十分困难的。在比赛间歇期，即使像乘坐长途汽车或修课考取学位的时候，球员都会意识到很难约束自己，调整好投篮技术。我也没有快速改变投篮技术的方法，但是如果你在赛季后花时间去正确评估你的技术，并绘制投篮图表，那么你会发现你完全有能力把你的投篮技术推向

表 10.2　**投篮评估表**

姓名：　　　　　日期：	是	否
▶ **持球**		
双手拇指呈"T"形了吗？	＿＿	＿＿
有"留空隙"吗，球与手掌有接触吗？	＿＿	＿＿
▶ **辅助手**		
手指是指向天花板的吗？	＿＿	＿＿
手在球的一侧吗？	＿＿	＿＿
投篮时拇指的位置在耳朵附近吗？	＿＿	＿＿
球与手掌有接触吗？	＿＿	＿＿

姓名:　　　　　　日期:	是	否
▶ **投篮手**		
球与手掌有接触吗?		
食指是指向眉毛的吗?		
手腕上有皱纹吗，手腕完全竖直了吗?		
▶ **投篮臂**		
手臂是呈"L"形，而不是呈"S"形或"V"形吗?		
手肘在球下面吗（即"投球"）?		
手肘在球前面吗（即"抛球"）?		
手肘在球后面吗（即"推球"）?		
▶ **体位和站姿**		
双脚分开至与肩同宽了吗?		
双脚靠得太近了吗?		
双脚离得太宽了吗?		
双肩对齐了吗?		
两只脚的脚后跟同时离地吗?		
双膝同时弯曲且弯曲程度相同吗?		
身体挺直向上吗?		
投篮脚朝前吗?		
投篮脚的脚趾是否指向投篮目标?		
双脚平行吗?		
双脚指向投篮目标吗?		
迈步过大吗?		
头部和臀部在一条线上吗?		
投篮时头部是否保持在较低位置?		
眼睛在看篮筐，而不是看球吗?		
手肘在球的正下方吗?		
▶ **完成**		
手肘在眉毛上方吗?		
投篮手指向篮圈吗?		

续表

姓名：　　　　　　　日期：	是	否
▶ **完成（续）**		
辅助手举起来了吗？		
保持投篮姿势了吗？		
投篮弧度合适吗？		
▶ **接球和投篮：右侧**		
内侧脚着地了吗？		
在着地之前脚趾朝向篮筐吗？		
双脚摆正并对准篮筐吗？		
双脚在相同位置落地吗？		
▶ **接球和投篮：左侧**		
内侧脚着地了吗？		
外侧脚反向着地吗？		
在着地之前脚趾朝向篮筐吗？		
双脚摆正并对准篮筐吗？		
双脚在相同位置落地吗？		
▶ **急停投篮：右侧**		
是用右手运球吗？		
内侧脚（左脚）着地吗？		
在着地之前脚趾朝向篮筐吗？		
持球时膝盖弯曲吗？		
是双手持球吗？		
双脚摆正并对准篮筐吗？		
双脚在相同位置落地吗？		
▶ **急停投篮：左侧**		
是用左手运球吗？		
内侧脚（右脚）着地吗？		
在着地之前脚趾朝向篮筐吗？		
持球时膝盖弯曲了吗？		
球员双手持球吗？		
双脚摆正并对准篮筐吗？		
双脚在相同位置落地吗？		

源自：D. Hopla, 2012, *Basketball shooting*, (Champaign, IL：Human Kinetics).

一个新的水平。

　　每天挑战自己，设定短期和长期目标，帮助你保持动力，积极地进行训练。不要觉得绘制投篮图表是一种负担，这是你训练过程的一部分，你应该去享受它。当你对自己缺乏自信时，你就会对自己的比赛失去信心。绘制投篮图表为你提供了一些思路：在你的篮球生涯中，你在特定的位置应该怎样使用特定的技能呢？你可以利用这一思路，了解自己的优势和需要改进的地方。这一切都需要你做足准备，你对如何正确投篮和如何练习已经有所了解，所以你现在必须有一个训练计划。去体育馆之前，你需要确切地知道你将训练什么内容。若以投篮的形式开始每次训练，则你应该首先从单手投篮开始，完成后再添加辅助手，在你做好充分准备后，以比赛速度进行比赛性质的投篮。太多球员的练习速度比比赛速度慢，这会导致他们在实际比赛中很难将球投进。当你掌握了合适的投篮方式和技巧后，你就必须以比赛速度进行投篮练习。

　　记得用正确的方式进行训练和比赛。例如，如果你想锻炼你的远距离跳投技术，那么你不仅要擅长原地投三分球，还要擅长从左向右和从右向左行进间三分投篮。在行进间接球和投篮需要不同的步法。你必须掌握这些步法，然后以比赛速度进行正确练习。如果你第一次都做错了，那么你什么时候才可以做对？请记住，熟能生巧。我之前问过，我现在再问一次：你想变得多好或多优秀？球就在球场上，现在你该去拿起它并开始投篮了。

戴夫·霍普拉（Dave Hopla）是华盛顿奇才队（Washington Wizards）和多伦多猛龙队（Toronto Raptors）的投篮教练。许多人认为他是世界上最好的投手之一，500 次投篮中有 495 次命中。他是 1 分钟内罚进球次数最多的世界纪录保持者，在只有 1 个球和 1 个传球者的情况下，26 投 26 中。他还是美国职业篮球联赛边角三分球的纪录保持者，在只有 1 个球和 1 个传球者的情况下，1 分钟内 18 投 18 中。美国职业篮球联赛的三分线距离篮筐 7.2 米，他在只有 1 个球和 1 个传球者的情况下，1 分钟内 17 投 16 中。

戴夫·霍普拉在世界各地举办了投篮训练营，并定期与美国篮球联盟一起参加美国篮球无疆界项目。2006 年，在他加入多伦多猛龙队后，该球队的投篮命中率每个月都会提高，从 2006 年 11 月的 44.2% 提高到 2007 年 1 月的 47.5%。球队的三分球命中率从 2006 年 11 月的 30% 提高到了 2007 年 1 月的 40%。2007 年，戴夫·霍普拉被华盛顿奇才队聘为球员训练助理教练。华盛顿奇才队在 2007 年赛季的罚篮命中率达到 78.8%。他在华盛顿奇才队执教的时候，华盛顿奇才队在罚球线上的投篮得分最高。戴夫·霍普拉曾与许多美国职业篮球联盟、大学和高中的球队的球员共事过，包括克里斯·波什（Chris Bosh）、吉尔伯特·阿雷纳斯（Gilbert Arenas）、本·戈登（Ben Gordon）、里普·汉密尔顿（Rip Hamilton）、凯文·洛夫（Kevin Love）、布兰登·詹宁斯（Brandon Jennings）、雷·艾伦和科比·布莱恩特，以及几名女球员，包括黛安娜·陶雷西（Diana Taurasi）和苏·伯德（Sue Bird）。戴夫·霍普拉和他美丽的妻子卡萝尔以及漂亮的女儿麦克娜居住在美国缅因州的布斯贝港。

关于译者

　　闫燕，山东济南人，博士，上海体育学院教师、硕士生导师，中国篮协 C 级教练员，运动营养师，EXCO 认证师，SLAMBALL 认证讲师，中国篮协 E 级教练员培训讲师，中国体育科学学会会员，上海体育学院篮球团队成员，主要研究方向：体育教育训练理论与方法，学校体育、竞技体育，高校高水平运动队。

　　朱晓峰，辽宁锦州人，硕士，上海体育学院教师、院男篮主教练，中国篮协 C 级教练员，中国篮协 E 级教练员培训讲师，中国体育科学学会会员，上海体育学院篮球团队成员，主要研究方向：竞技体育，高校高水平运动队。